sweet sisters

BACK DICH GLÜCKLICH
MIT LYNN UND LISSA

Inhaltsverzeichnis

DARLIN'

Lynn & Lissa

Immer wenn gebacken wird, passiert etwas Tolles: Geburtstag, eine Überraschung oder Besuch von lieben Menschen. Backen ist wie Anlauf nehmen für eine Arschbombe ins Glück! Deshalb lieben wir Backen! Teig gewordenes Vergnügen duftet vom ersten Augenblick an. Egal, ob rohe Zutaten oder fertige Torten, Kekse und Teilchen! Wer uns schnell wach kriegen will, schiebt Gebäck in den Ofen.

Und weil es fast nichts Besseres für uns gibt als Süßes, ist dieses Buch entstanden. Du findest darin unsere aktuellen Favoriten.

Wer sind wir? Wir sind Schwestern und die Leute nannten uns schon „Sweet Sisters", als wir noch mit unseren Plüschtieren über die Flure in unserem Elternhaus bei Hamburg geflitzt sind. Das ist 28 Jahre her, zumindest für eine von uns. Die andere ist vier Jahre jünger. Wir verraten aber nicht, wer das ist. Backschwestern-Geheimnis! Wir sind in einem Mehrgenerationenhaus aufgewachsen. Familie finden wir wichtig. Wir lieben Käsekuchen, nachhaltig leben und uns gegenseitig natürlich! Lissa liebt auch ihren kleinen weißen Zwergspitz Stormi und Lynn isst für ihr Leben gerne Vanille. Die meisten halten uns für Zwillinge, das finden wir ein bisschen lustig. Ach ja. Humor darf gerne einfach sein, finden wir.

Aber es gibt auch große Unterschiede zwischen uns! Lynn könnte sich in Lakritz hineinlegen – Lissa dagegen kann nicht mal den Geruch ertragen. Dafür geht Lissa meilenweit für Erdbeeren mit Schokolade – während diese Kombination Lynn kaum ein Lächeln entlockt. Und: Lynn ist eine waschechte Streberin – Lissa die kreative Chaotin mit dem Blick für Details.

Wenn wir zusammen reisen, dann entdecken wir vor allem, was in anderen Ländern so genascht wird. Einiges davon findet dann auch Eingang in unsere Rezepte.

Während des Studiums haben wir noch zuhause gewohnt. Das war schön, denn manchmal haben wir uns nachts in der Küche getroffen und gebacken. Jetzt passiert das immer noch, aber wir müssen leise kichern, damit wir unsere Mitbewohner nicht wecken;) Wir haben so eine nächtliche Back-Session mal aufgenommen! Wer weiß, vielleicht veröffentlichen wir das eines Tages mal.

Wenn wir uns etwas wünschen dürften, dann, dass Du mit unseren Rezepten so viel Freude hast wie wir selbst. Man kann ja nicht jeden Tag Käsekuchen essen, aber jeden zweiten ganz bestimmt!

Schön, dass du in unserem Buch bist!

Lissa

LIEBLINGSKUCHEN: Cheesecake in allen Ausführungen, aber am aller, aller liebsten mit Schokodrops.

HOBBYS: Neue Foodspots auf der ganzen Welt erkunden (am liebsten mit Lynn), Sport und schöne Spaziergänge mit Stormi machen. Ich liebe es mich kreativ auszutoben und Bilder und schöne Videos für Social Media zu kreieren. Reisen steht natürlich auch ganz oben auf meiner Liste.

DAVOR EKLE ICH MICH: Künstliches Fruchtaroma. Ich mag es lieber natürlich. Ach – und Rote Beete und Lakritz!

DAVON KANN ICH NICHT GENUG BEKOMMEN: Sommer, meiner Familie, Pfingstrosen und leckerem Essen. Schoko-Eis geht immer! Und warmer Kuchen. Und Erdbeertörtchen.

DAS WÜRDE ICH GERN MAL AUSPROBIEREN: Ein Donut-Wettessen, um zu testen wie viele ich wirklich schaffen würde. Ich liebe Donuts!

WENN ICH EIN GEBÄCK WÄRE, DANN DAS: Croissant. ICH LIEBE FRISCHE, WARME CROISSANTS! Am besten noch mit etwas Schokolade on top!

DAMIT STIMMT MAN MICH SOFORT FRIEDLICH: Mit einem Kuchen, der noch warm ist und direkt aus dem Ofen in meinen Bauch kommt. Abseits von leckerem Essen auch gerne mit einer dicken fetten Umarmung von meinen Liebsten.

DAS KÖNNTE ICH GERN: Singen. Ach, und Essen, ohne zuzunehmen.

BESTER SONG ZUM BACKEN: Baby von Justin Bieber.

WICHTIGSTES UTENSIL IN DER KÜCHE: Der Naschlöffel! Wenn das nicht zählt, dann ein kleiner Food Prozessor. Der erleichtert wirklich einiges!

Hier ein Video auf dem sich Lissa von allen Seiten zeigt:

Lynn

LIEBLINGSKUCHEN: Käsekuchen (mit frischen Beeren & Erdbeersoße oder mit Schokochips & Salzkaramellsoße).

HOBBYS: Mal abgesehen vom Backen … Frühstücks-Cafés testen, Sport treiben (Joggen & HIIT Workouts), Social Media Quatsch machen mit Lissa, Reisen, Podcasts hören, Freunde und Familie treffen und gemeinsam kochen, Wein trinken oder Gesellschaftsspiele spielen.

DAVOR EKLE ICH MICH: Füße, Schokolade mit roten Früchten, Sellerie und vor unfreundlichen Menschen.

DAVON KANN ICH NICHT GENUG BEKOMMEN: Sonne und Sommer, frische Blumen, Spaziergänge an der Alster, Trüffelpasta, französische Tartelettes in allen Ausführungen und von meiner Familie.

DAS WÜRDE ICH GERN MAL AUSPROBIEREN: Ich hätte gerne einen eigenen großen Garten, in dem ich Obst und Gemüse anbauen kann. Wie toll wäre Kuchen mit selbst angebauten Früchten?! Mit einem Helikopter fliegen und in einem Fluss aus Schokolade schwimmen, wie bei Charlie & die Schokoladenfabrik.

WENN ICH EIN GEBÄCK WÄRE, DANN DAS: Käsekuchen. Bin auch immer käseweiß oder verbrannt.

DAMIT STIMMT MAN MICH SOFORT FRIEDLICH: Frische Erdbeeren oder Wassermelone, Mochi Eis und Freundlichkeit.

DAS KÖNNTE ICH GERN: Singen. Und besser faul sein, denn ich langweile mich extrem schnell.

BESTER SONG ZUM BACKEN: Queen – Don't stop me now!

WICHTIGSTES UTENSIL IN DER KÜCHE: Ein Silikon-Spatel, am besten mit wechselbaren Aufsätzen, sodass man einen Pinsel daraus machen kann. Damit bekomme ich alles aus einer Schüssel raus und kann super damit naschen.

Und hier geht es einmal um Lynn herum:

LYNN & LISSAS OBERLIEBLINGE

Blaubeer-Gugelhupf

MIT WEISSER SCHOKOLADE

Lynn hasst dunkle Schokolade mit roten Früchten. Deshalb backen wir sehr konsequent weiße Schokolade mit Früchten. In diesem Fall mit blauen Heidelbeeren. Dieses Rezept hat Lissa in einer nächtlichen Backaktion vor Lynns Geburtstag kreiert, Lynn fand den Kuchen so lecker, dass ihr beinahe die Tränen kamen vor Freude. Bei uns gibt es keinen Geburtstag ohne selbstgebackenen Kuchen. Manchmal backen wir uns gegenseitig auch drei oder vier Geburtstagskuchen, wenn wir uns nicht entscheiden können. Und da wir in der Regel aus dem Geburtstag eine ganze Geburtstagswoche machen, braucht man ja auch viel Gebackenes.

20 Minuten + **60** Minuten Backzeit

ZUTATEN

für einen Gugelhupf

- 225 g weiche Butter
- 300 g Zucker
- 3 Päckchen Vanillezucker
- 6 Eier
- 450 g Naturjoghurt
- 750 g Weizenmehl
- 6 TL Backpulver
- 750 g frische Blaubeeren
- 1 Tafel weiße Schokolade
- 1 Prise Salz

AUSSERDEM

- 1 x weiße Kuvertüre (optional)
- bunte Streusel

TOOLS

- Gugelhupfform (ø 24 cm)

SO GEHT'S

1. Backofen auf 170 °C Umluft vorheizen.
2. Für den Teig Butter, Zucker und Vanillezucker schaumig rühren. Nach und nach Eier und dann Joghurt hinzugeben.
3. Die weiße Schokolade grob hacken.
4. Das Mehl mit dem Backpulver und dem Salz vermischen und zum Teig geben.
5. Blaubeeren und die weiße Schokolade leicht unterheben und den Teig in die gefettete Form geben.
6. Der Kuchen muss nun ca. 60 Minuten im Ofen backen.
7. Nach Geschmack mit ein paar frischen Blaubeeren, weißer Kuvertüre und Streuseln dekorieren.

KLEINER TIPP

Wenn der Kuchen beim Backen zu dunkel wird, aber innen noch nicht ganz gar ist, decke ihn im Ofen mit Alufolie ab. Wir mögen es allerdings auch, wenn der Teig in der Mitte noch etwas roh ist.

yummi!

Kaiserschmarrn

MIT PFLAUMENKOMPOTT UND VANILLESAUCE

Für uns gibt es zwei Wintergefühle: Entweder gemütlich-weihnachtlich mit Plätzchen backen, Onesie tragen und Punsch trinken bei Insta-Fotoshootings oder – Skifahren! Das machen wir ganz oft und dann kehren wir mittags in die Hütte ein und essen Kaiserschmarrn. Obwohl uns schwindelig wird von Puderzucker – eine Laune der Natur – mögen wir den zuckrigen Schnee auf dem warmen, fluffigen Schmarrn. Mit Rosinen hingegen kann man uns jagen. Dieses Kaiserschmarrn Rezept haben wir dem Hüttenwirt abgeluchst und einfach die Rosinen ersatzlos gestrichen. Wir sind dir aber nicht böse, wenn du welche hinzufügst..

30 Minuten

ZUTATEN

für 4 Portionen

FÜR DEN TEIG

- 6 Eier
- 350 ml Milch
- 1 TL Zitronenabrieb
- 200 g Mehl
- 1 Päckchen Bourbon Vanillezucker
- 3 EL Zucker
- 1 Prise Salz
- 50 ml Sprudelwasser
- 50 g Butter zum Backen + etwas mehr zum Karamellisieren

AUSSERDEM

- 50 g Puderzucker zum Bestreuen
- Vanillesauce
- Pflaumenkompott (Rezept Seite 17)

TOOLS

- Pfanne mit Deckel
- Schneebesen
- Mixer

SO GEHT'S

1. Die Eier trennen und die Eigelbe in eine Schüssel geben. Die Milch sowie den Zitronenabrieb, das Mehl und den Vanillezucker hinzufügen und alles zu einem glatten Teig verrühren.
2. Die Eiweiße mit dem Zucker und der Prise Salz sehr steif schlagen und den festen Eischnee unter die übrige Masse rühren.
3. In einer gut beschichteten Pfanne reichlich Butter erhitzen, bis sie schaumig wird. Den Teig nun in die heiße Pfanne geben und von beiden Seiten goldbraun braten. Dafür wird die Pfanne mit dem Deckel verschlossen.
4. Wenn er gar ist, wird der Kaiserschmarren in kleine Stücke zerteilt, das geht am besten mit zwei Gabeln. Einige Butterflöckchen und etwas Zucker darüberstreuen und alles etwa eine weitere Minute bei starker Hitze braten – so karamellisiert das Gebäck!
5. Vor dem Servieren wird der Kaiserschmarrn mit Vanillesoße, Puderzucker und Kompott garniert. Am besten schmeckt er frisch und warm!

EXTRATIPP

Eiweiß kann man am besten in einem kalten hohen Gefäß aufschlagen – zudem darf kein bisschen Eigelb hineingeraten, sonst wird es nicht steif.

Pflaumenkompott

ZUTATEN

- 500 g frische Pflaumen
- 3 ml Wasser
- 3 EL Zucker
- ½ TL Zimt

SO GEHT'S

1. Die Pflaumen waschen, entkernen und halbieren.
2. Das Wasser, den Zimt und den Zucker in einen Kochtopf geben und verrühren, bis sich Zimt und Zucker aufgelöst haben.
3. Die Pflaumen hinzugeben und alles aufkochen.
4. Die Pflaumen sollten nun bei mittlerer Hitze fünf bis zehn Minuten köcheln, dabei nur vorsichtig rühren, damit sie nicht komplett zerfallen.
5. Den Kompott vor dem Servieren etwas abkühlen lassen. Im Kühlschrank hält er sich mehrere Tage, luftdicht verschlossen sogar mehrere Monate.

TASSEN-Franzbrötchen

Als Hamburgerinnen sind Franzbrötchen quasi Teil unserer DNA. Die süßen Schnecken gibt es hier an jeder Ecke und sie bestehen traditionell aus Plunderteig und sind gefüllt mit Zimt, Zucker und jeder Menge Butter. Der Nachteil: Franzbrötchen brauchen ganz schön lange, bis sie fertig sind. Geduld zählt nicht zu unseren Gaben … Deshalb haben wir ein Turbo Rezept entwickelt, mit dem du innerhalb von zwei Minuten ein superleckeres Tassen-Franzbrötchen zauberst. ACHTUNG: Deine Küche wird danach so gut duften, dass du sie am liebsten komplett aufessen würdet.

3 Minuten

ZUTATEN

für eine Portion

- 4 EL helles Mehl
- 1 TL Backpulver
- 5 EL Milch (Wasser geht auch, falls keine Milch da ist)
- 1 EL geschmolzene Butter
- 1 TL brauner Zucker
- ½ TL Zimt
- Puderzucker und Wasser für den Guss

TOOLS

- 1 mikrowellentaugliche Tasse
- Mikrowelle

SO GEHT'S

1. Das Mehl, das Backpulver und die Milch zu einem gleichmäßigen Teig verkneten.
2. Den Teig zu einer langen Wurst formen und etwas plattdrücken.
3. Auf dem Teig die Butter verstreichen und mit Zimt und Zucker bestreuen. Je mehr, desto saftiger wird das Tassen-Franzbrötchen.
4. Den Teig zu einer Schnecke aufrollen und in eine Tasse stellen.
5. Die Tasse für maximal 90 Sekunden auf höchster Stufe in die Mikrowelle stellen. Achtung: Bleibt der Teig zu lang drin, wird er sehr hart. Lieber etwas kürzer!
6. Aus dem Puderzucker und etwas Wasser einen dickflüssigen Zuckerguss anrühren.
7. Das warme Tassen-Franzbrötchen mit Zuckerguss verzieren und am besten warm essen.

EXTRATIPP

Lust auf Schoko-Franzbröchten? Arbeite in den Teig ein paar backfeste Schokochips ein und den Zuckerguss ersetzt du einfach durch flüssige Schokolade und einen Hauch Puderzucker.
Übrigens: Durch die kurze Garzeit ist die Mikrowelle besonders bei kleinen Portionen super effizient und spart Energie im Vergleich zum Ofen!

schmeckt nach Heimat

Mini Apple Crumble

MIT VANILLEEIS & VANILLESAUCE

Schon beim Gedanken an warmes Apple Crumble mit Vanilleeis UND Vanillesoße wird uns warm ums Herz … Dieses Rezept ist besonders ab Herbst bis in den Winter hoch im Kurs bei uns, denn da haben die leckeren sauren Äpfel Hochsaison und Zimt ist völlig unterschätztes Gewürz, finden wir. Denn es schmeckt nicht nur nach Vergnügen, es kurbelt auch den Stoffwechsel an und das heißt: Man verbrennt mehr und kann mehr essen. Toll, oder? Lynn hat dieses Rezept ursprünglich in Irland entdeckt und natürlich mitgebracht.

30 Minuten

ZUTATEN

für 6 Portionen

- 5 große, saure Äpfel (z. B. Cox oder Boskop)
- 2 EL Zitronensaft
- 1 TL Vanilleextrakt
- 1 TL Zimt
- 100 g Mehl
- 60 g Haferflocken
- 40 g brauner Zucker
- 40 g Puderzucker
- 1 Prise Salz
- 100 g Butter

AUSSERDEM

- Vanillesauce
- Vanilleeis

TOOLS

- kleine, ofenfeste Formen

SO GEHT'S

1. Den Backofen auf 200 °C Ober- und Unterhitze vorheizen.
2. Die Äpfel schälen, vierteln, entkernen und in kleine Würfel schneiden. Anschließend mit Zitronensaft, dem Vanilleextrakt und dem Zimt mischen, alles einen Moment ziehen lassen. Währenddessen die Förmchen fetten.
3. In einer zweiten Schüssel das Mehl, die Haferflocken, den braunen Zucker, den Puderzucker und das Salz mischen.
4. Die Butter in kleinen Flocken dazugeben und alle mit den Händen kurz zu einem krümeligen Teig kneten.
5. Nun erst die Äpfel, dann die Streusel in die Förmchen geben.
6. Die Mini Apple Crumbles müssen für 20 Minuten backen, danach kurz abkühlen und werden am besten mit Eis und Vanillesoße serviert.

EXTRATIPP

Keine kleinen Förmchen parat? Du kannst das Apple Crumble auch in einer großen Auflaufform oder einer Tarte-Form machen und die Zutaten für eine große Portion einfach verdoppeln!

Bienenstich

AUS DEM GLAS

Das hier ist Bienenstich 2.0! Obwohl der Klassiker vom Blech ganz bezaubernd ist, finden wir, er ist ein bisschen angestaubt. Wir wollten etwas, das sich auch als Nachtisch eignet und den herrlichen Geschmack von Vanille und karamellisierten Mandeln enthält, dabei ist dieser Bienenstich aus dem Glas entstanden: Super schnell und einfach gemacht (du brauchst keinen Hefeteig zubereiten und hast nicht einmal Backzeit) und mindestens genauso köstlich wie das Original.

20 Minuten

ZUTATEN

für 4 Portionen

- 1 Paket Vanillepudding-pulver
- 60 g + 40 g Zucker
- 500 ml Milch
- 200 ml Schlagsahne
- 20 g Butter
- 40 g gehobelte Mandeln
- 1 süße Milchbrötchen

TOOLS

- Kochtopf
- Pfanne
- Mixer oder Schneebesen
- Frischhaltefolie
- 4 (Dessert-) Gläser

SO GEHT'S

1. Das Puddingpulver mit 60 g Zucker und der Milch nach Packungsanleitung kochen.
2. Den heißen Pudding mit Frischhaltefolie abdecken, damit er keine Haut bildet, und komplett abkühlen lassen.
3. Die restlichen 40 g Zucker in einer beschichteten Pfanne bei mittlerer Hitze schmelzen und erhitzen, bis er leicht braun wird. Die Butter hinzugeben und verrühren. Die gehobelten Mandeln ebenfalls dazugeben und unter ständigem Rühren karamellisieren.
4. Die Mandelmasse auf einen Bogen Backpapier geben, gleichmäßig verstreichen und gut abkühlen lassen, sodass sie knusprig wird.
5. Währenddessen die Sahne mit dem Mixer steif schlagen.
6. Den abgekühlten Pudding erst gut durchrühren und dann die Sahne vorsichtig unterheben.
7. Das Milchbrötchen in kleine Stücke schneiden oder reißen.
8. Nun werden die Gläser schichtweise gefüllt: Abwechselnd Brötchen-Stücke und Puddingcreme in den Dessertgläsern schichten. Die oberste Schicht sollte Puddingcreme sein. Den Mandelkrokant grob zerbrechen und auf der obersten Schicht der Puddingcreme verteilen.
9. Den Bienenstich aus dem Glas bis zum Servieren kaltstellen.

EXTRATIPP

Statt der Milchbrötchen kannst du auch andere süße Gebäckteile nehmen. Und ganz wichtig: Wir karamellisieren immer die doppelte Menge Mandeln, damit wir viel davon naschen können.

Lava Cake

SCHOKOKUCHEN MIT WEICHEM KERN

Wer in Lissas Tiefkühlschrank schaut, wird darin immer ihren geheimen Lava Cake Vorrat finden. Kein Witz, sie friert die ein – für Notfälle! Lissa verspürt spätestens alle vier Tage unwiderstehliches Verlangen nach Schokoladenkuchen mit flüssigem Kern und weil sie so viel unternimmt und auch ein bisschen chaotisch ist, schafft sie es nicht immer, frische zu machen. Deshalb backt sie immer sehr viele und isst höchstens vier oder allerhöchstens fünf davon, die restlichen liegen auf Eis.
Unsere Lava Cakes sind wie ein kleiner Schokoladen Vulkan: Aus dem fluffigen Teig sprudelt flüssige Schokolade heraus, sobald man das Törtchen anschneidet. Dieser Moment ist für uns immer wieder in Highlight. Hinter diesem Tagtraum aus Schokolade steckt ein einfaches Rezept, das im Handumdrehen gelingt.

30 Minuten

ZUTATEN

für 12 Lava Cakes

- 400 g Zartbitter Schokolade
- 250 g Butter
- 8 Eier
- 150 g Zucker
- 2 Päckchen Vanillezucker
- Prise Salz
- 160 g Mehl (Dinkel oder Weizen)
- Puderzucker

TOOLS

- Kochtopf
- Mixer
- Muffinformen

SO GEHT'S

1. Den Backofen auf 180 °C Ober- und Unterhitze vorheizen.
2. Die Schokolade gemeinsam mit 240 g der Butter in einem Topf schmelzen – beides gründlich miteinander verrühren, sodass eine gleichmäßige Flüssigkeit entsteht. Mit den restlichen 10 g der Butter die Formen fetten.
3. Die Eier, den Zucker, den Vanillezucker und das Salz in einer Schüssel schaumig rühren.
4. Die Butter Mischung dazugeben und alles gut mischen. Anschließen das Mehl grob unterheben.
5. Den Teig in die gefetteten Förmchen füllen und die kleinen Kuchen etwa zwölf Minuten – sie dürfen noch etwas weich aussehen und der Kern soll flüssig bleiben.
6. Nach der Backzeit die Lava Cakes ganz kurz abkühlen lassen, dann mit Puderzucker bestreuen und warm essen. Himmlisch!

EXTRATIPP

Wer ungeduldig ist, wie wir, und am liebsten schon los futtern will, wenn das Gebäck noch warm ist, muss bereits beim Backen vorbereiten: Entweder kleine Backpapiermuffinformen in die eigentlichen Muffinformen setzen, dann kann man sie leicht herausheben oder die aus Silikon, dann kann man sie auch warm herausdrücken.

Marzipan-Nussecken

MIT WEISSER SCHOKOLADE

Mach die auf jeden Fall! Wir können das nicht deutlicher sagen, aber vertrau uns einfach. Back die! Wirklich! Marzipan-Nussecke – das hört sich so einfach an, aber hinter diesem bescheidenen Namen verbirgt sich nichts weniger als das allerleckerste Supergebäck! Wir machen die Nussecken immer ordentlich groß, eher Nussfläche als Ecke. Vor allem deshalb, weil sie so lecker sind. Hübsch sind sie übrigens auch. Also back sie! Okay, das haben wir schon gesagt.

45 Minuten

ZUTATEN

für 8–10 Nussecken

FÜR DEN BODEN

- 125 g Butter
- 100 g Zucker
- 2 Päckchen Vanillezucker
- 2 Eier
- 300 g Weizenmehl + etwas für die Arbeitsfläche
- 1 TL Backpulver

FÜR DIE MARZIPAN-NUSS-SCHICHT

- 300 g Marzipanrohmasse
- 80 g Butter
- 80 g Puderzucker
- 80 g gehackte Mandeln
- 3 Eier
- 100 g Mandelblättchen
- 100 g weiße Kuvertüre

TOOLS

- Backblech oder viereckige Auflaufform
- Nudelholz

SO GEHT'S

1 Als erstes wird der Mürbeteig zubereitet! Die kalte Butter, den Zucker, den Vanillezucker und die beiden Eier miteinander vermischen, gut kneten.

2 Das Mehl und das Backpulver ebenfalls miteinander vermischen und mit dem restlichen Teig verkneten.

3 Den Backofen auf 180 °C Ober- und Unterhitze vorheizen.

4 Den Mürbeteig auf einer bemehlten Fläche mit dem Nudelholz oder den Händen flach ausrollen und anschließend in das Backblech geben. Der Boden sollte komplett von Teig bedeckt und ebenmäßig sein.

5 Den Teig einer Gabel mehrmals tief einstechen, damit er beim Backen nicht hochkommt. Im vorgeheizten Ofen zehn bis 15 Minuten vorbacken, sodass die Ränder des Teigs leicht braun werden.

6 In der Zwischenzeit die Marzipan-Rohmasse mit der Butter erwärmen, entweder im Topf oder in der Mikrowelle. Wenn beide weich sind, mit dem Mixer ein bis zwei Minuten lang gründlich vermischen.

EXTRATIPP

Mach sie groß! Eher Sandwich als Keks.

7 Den Puderzucker, die gehackten Mandeln und die Eier dazugeben und weitere zwei Minuten rühren, bis eine gleichmäßige Masse entstanden ist. Die Marzipan-Masse auf den vorgebackenen Boden geben und gut verteilen.

8 Die Mandelblättchen auf die Oberfläche streuen. Den Kuchen weitere 15 bis 20 Minuten lang backen.

9 Den gesamten Kuchen auf einem Rost etwa 30 Minuten abkühlen lassen, sodass er nicht mehr heiß ist aber auch noch nicht komplett fest und knusprig.

10 Aus dem großen Viereck nun erst kleinere Vierecke schneiden, diese schräg in der Mitte nochmals zerschneiden, damit kleine Dreiecke entstehen.

11 Die weiße Kuvertüre schmelzen und mit einem Löffel oder einer Gabel in Streifen über den Nussecken verteilen.

Cheesecake

MIT SCHOKODROPS

Wie du weißt, sind wir beide süchtig nach Käsekuchen in allen möglichen Varianten. Dieses Rezept hat es uns besonders angetan, seit Lissa es vor einigen Jahren ausgetüftelt hat, um Lynn damit zum Geburtstag zu überraschen. Ein Rezept der ersten Stunde sozusagen. Wir empfehlen, diesen Kuchen gut abkühlen zu lassen, sodass die Schokolade richtig schön knackig wird. Theoretisch hält er sich mehrere Tage im Kühlschrank, so lange hat er bei uns jedoch noch nie überlebt.

20 Minuten Arbeitszeit + **3**h Wartezeit

ZUTATEN

für 8 große Stücke

FÜR DEN BODEN

- 3 EL Butter
- 2 TL Kakaopulver
- 150 g Butterkekse
- 1 Päckchen Vanillezucker

FÜR DEN KUCHEN & DEKO

- 650 g Doppelrahmfrischkäse
- 50 g Mehl
- 150 g Zucker
- 1 TL Vanilleextrakt
- 4 Eier
- 100 g Sahne
- Zartbitter-Schokodrops
- Zartbitterschokolade

TOOLS

- Springform (ø 26 cm)
- Backpapier
- Mixer

SO GEHT'S

1 Die Butter im Topf schmelzen. Butterkekse gründlich zerbröseln, sodass keine allzu großen Stücke mehr da sind.

2 Die zerlassene Butter, das Kakaopulver, die Keksbrösel und den Vanillezucker in einer Schüssel gut vermischen.

3 Die Springform fetten, Masse hineingeben und den Keksboden darin festdrücken. Für 30 Minuten kaltstellen.

4 Für die Füllung den Frischkäse mit Mehl und Zucker mischen – am besten mit dem Handmixer. Dann Vanilleextrakt hinzugeben und nach und nach die Eier einrühren.

5 Sahne in einem hohen Becher steif schlagen und vorsichtig mit den Schoko Drops unter die Frischkäsemasse heben. Den Ofen auf 180 °C Ober- und Unterhitze vorheizen.

EXTRATIPP

Wir setzen oft eine Silikon Springform in eine Metallform und backen sie ineinander. Das Metall hält den weichen Kuchen in Form und das Silikon kann man nachher leicht ablösen. So nutzen wir alle Vorteile aller Materialien 😉

6 Einen Bogen Backpapier zurechtschneiden, dass er den inneren Rand der Springform bedeckt – so kann man den Kuchen später besser lösen. Frischkäse Masse hineinfüllen und in den Ofen schieben.

7 15 Minuten bei 180 °C backen, dann Ofen auf 150 °C stellen und den Kuchen weitere 50 Minuten backen. Den Ofen anschließend geschlossen halten, damit der Kuchen nicht in sich zusammenfällt.

8 Gut abkühlen lassen. Dann die Kuvertüre schmelzen und sie querbeet über dem Kuchen verteilen. Wenn alles fest geworden ist, ist der Cheesecake mit Schokodrops bereit zum Verzehr!

super lecker!

Erdnussbutter-Schoko-Brownies

MIT WALNÜSSEN

Absolut nichts kann dich auf diese Brownies vorbereiten! Sie sind so schlimm lecker, dass man entweder so wenige macht, dass man alle auf einmal aufessen kann oder man akzeptiert, dass man am Ende des Erdnussbutter-Schoko-Brownies-mit-Walnüssen-Backtages Bauchschmerzen hat. Wir können das akzeptieren.

30 Minuten + **2–3** Stunden Back- und Kühlzeit

ZUTATEN

für 18 Stück

- 400 g Zucker
- 5 Eier
- 350 g Zartbitterschokolade
- 250 g Butter
- 100 g Erdnussbutter
- 220 g Mehl
- 1½ TL Backpulver
- 1 Prise Salz
- 80 g Walnüsse

FÜR DIE FRISCHKÄSE-MISCHUNG

- 350 g Frischkäse
- 90 g weiche Butter
- 100 g Zucker
- 3 Eier

FÜR DAS TOPPING

- 80 g gehackte Walnüsse

TOOLS

- rechteckige Backform oder Auflaufform (42 cm x 29 cm)
- Mixer

SO GEHT'S

1 Den Ofen auf 175 °C Ober- und Unterhitze vorheizen und die Backform fetten.

2 Die Eier für den Teig verquirlen, dabei den Zucker einrieseln lassen.

3 Die Zartbitterschokolade und die Butter in einem Topf schmelzen und abkühlen lassen. Die abgekühlte Schokoladen-Mischung kurz unter die Eier-Zucker-Mischung rühren, die Erdnussbutter hinzufügen und alles mixen.

4 Das Mehl, das Backpulver und die Prise Salz hinzugeben und kurz unterheben. Anschließend 80 g Walnüsse hinzugeben.

5 Im nächsten Schritt geht es an die Frischkäse-Mischung: Den Frischkäse mit der Butter, dem Zucker und den Eiern bei niedriger Stufe mit einem Handmixer verrühren.

6 Nun kommt zuerst der Frischkäse-Teig in die Backform, anschließend die Schokoladen-Mischung und die restlichen Walnüsse.

7 Beide Teige etwas miteinander vermischen, das geht super mit einer Gabel und sieht später besonders hübsch aus.

8 Die Brownies müssen nun etwa 40 Minuten backen – sie schmecken warm und kalt.

EXTRATIPPS

FÜR SAFTIGE BROWNIES

1 Bei der Zubereitung des Teiges werden die Zutaten nur so lange gerührt, wie gerade nötig. Das gilt besonders für die Eier, sie sollen nicht schaumig geschlagen werden.

2 Die flüssige Schokolade-Butter-Mischung muss richtig abgekühlt sein, bevor sie zu den Eiern gegeben wird – ansonsten werden die Brownies hart.

3 Trockene Brownies sind ein No-Go! Deshalb sollten sie lieber etwas zu kurz als zu lange im Ofen bleiben.

FRANZÖSISCHER

Flan

Wir sind besessen von französischem Gebäck. Insbesondere Tartelettes haben es uns angetan. In Südfrankreich betreibt Lulu eine kleine Konditorei und ab 10 Uhr muss man dort in langen Schlangen warten, um in den Genuss eines ihrer Werke zu kommen. Lulu kannte uns aus dem Sat.1 Frühstücksfernsehen und hat uns in ihre Küche eingeladen – eigentlich um zu erfahren, wie wir Franzbrötchen machen. Am Ende haben wir nicht nur Franzbrötchen, sondern auch Tartelettes gebacken und viel darüber gelernt. Ehrlich gesagt, haben wir uns an diesem Tag auch leicht überfressen. Lynn fand die Vanille-Variante am besten, deshalb teilen wir sie mit dir. Was uns an dieser Tarte besonders gut gefällt, ist, dass sie traditionell in SEHR großen Stücken serviert wird.

Originalrezept aus Südfrankreich von Lulu!

30 Minuten

ZUTATEN

für 8 große Stücke

FÜR DEN MÜRBETEIG

- 125 g Butter
- 250 g Mehl
- 1 Prise Salz
- 50 g Zucker
- 50 ml Wasser

FÜR DIE CREME

- 800 ml Milch
- 200 ml Sahne
- 1 Schote Vanille oder 1 TL Vanille-Paste
- 4 Eier
- 90 g Speisestärke
- 150 g Zucker

TOOLS

- Mixer
- Nudelholz
- Springform (ø 26 cm)
- Backblech

SO GEHT'S

1 Für den Teig die kalte Butter würfeln und in eine Schüssel geben. Das Mehl, das Salz und den Zucker und das Wasser zugeben und für etwa eine Minute zu einem gleichmäßigen Teig verkneten. Den Teig mindestens 30 Minuten kaltstellen.

2 In der Zwischenzeit die Creme vorbereiten. Die Milch mit der Sahne und der Vanille (ausgekratzten Vanilleschote inkl. der Schote oder die Vanille-Paste) in einen Topf geben und mit dem Schneebesen umrühren.

3 Dann die Eier, die Stärke und den Zucker zugeben und auf mittlerer Hitze unter Rühren zum Kochen bringen, etwa fünf Minuten köcheln. Das Ganze vom Herd nehmen und zugedeckt fünf Minuten ziehen und abkühlen lassen, ggf. die Vanilleschote entfernen.

4 Den Ofen auf 180 °C Ober- und Unterhitze vorheizen.

5 Den Teig aus dem Kühlschrank holen, auf einer bemehlten Arbeitsfläche ausrollen und in eine gefettete Springform geben. Der Boden und Rand sollen komplett bedeckt sein.

6 Die etwas abgekühlte Creme in die Form geben und diese auf mittlerer Schiene in den vorgeheizten Ofen schieben. Für etwa 50 Minuten backen.

7 Wenn der Flan im Ofen zu braun wird, rechtzeitig mit Alufolie abdecken – einige braune Stellen auf der Oberfläche gehören aber dazu.

8 Nach dem Backen gut abkühlen lassen, am besten über Nacht.

EXTRATIPP

Der Flan wird traditionell in recht großen Stücken serviert (lieben wir!) – aus einem Kuchen bekommst du etwa acht davon. Noch ein optisches und geschmackliches Highlight: Etwas Erdbeer- oder Karamell Soße darüber gießen. Bon Appetit! Mmh …

LECKERE

Kürbis-Cookies

Backen mit Gemüse? Ist super! Kürbis eignet sich beispielsweise sehr, weil man damit beinahe unendliche Möglichkeiten hat. Das Fruchtgemüse (ja wirklich, botanisch gesehen hat der Kürbis Obsteigenschaften) hat wenig Eigengeschmack, macht aber eine saftige Konsistenz und zaubert eine tolle Farbe ins Essen. Wenn sich also der Sommer dem Ende neigt und die Natur in ihrer herbstlichen Farbenpracht strahlt, wird unsere Küche ein einziges Kürbisparadies! Wir kaufen die als Deko und auch zum Verarbeiten. Diese Kürbis Cookies schmecken Lissa weich & warm vom Blech am besten, Lynn lässt sie lieber kurz abkühlen, damit sie etwas knusprig werden.

30 Minuten

ZUTATEN

für 10–12 Cookies

- 250 g weiße Schokolade
- 100 g Butter
- 80 g Kürbispüree
- 250 g Dinkel -oder Weizenmehl
- 1 TL Backpulver
- 3 Eier
- 1 Päckchen Vanillezucker
- 1 TL Zimt
- 1 Prise Salz
- 30 g Karamelldrops
- 50 g Walnüsse

TOOLS

- Backblech mit Backpapier
- Kochtopf
- Mixer

SO GEHT'S

1 Die weiße Schokolade in einem Topf bei mittlerer Hitze schmelzen, dabei rühren.

2 Die Butter dazugeben, schmelzen lassen und anschließend das Kürbispüree ergänzen.

3 In einer Schüssel das Mehl mit dem Backpulver und dem vermischen.

4 Die Eier, den Vanillezucker, das Salz und den Zimt in einer zweiten Schüssel schaumig schlagen.

5 Beide Mischungen miteinander zu einem Teig verarbeiten und diesen für etwa 15 Minuten ins Tiefkühlfach stellen.

6 Den Ofen auf 180 °C Ober- und Unterhitze vorheizen.

7 Den Teig aus dem Tiefkühlschrank nehmen und daraus zehn bis zwölf Cookies formen. Bei uns haben sie sieben bis acht Zentimeter Durchmesser.

8 Die Cookies auf ein mit Backpapier belegtes Backblech legen und mit Walnüssen und Karamell Drops verzieren. Anschließend für zehn bis 12 Minuten backen.

EXTRATIPP

Kürbispüree gibt es in einigen Supermärkten fertig in der Konserve. Alternativ eignet sich auch purer Kürbisbrei aus dem Babyglas.

nicht nur für Halloweenfans!

Swedish Fish

BAKE TO IMPRESS

FRANZÖSISCHE

Zitronentarte

Dieses Rezept für unsere heiß geliebte Zitronentarte ist ein echter Kracher. Quasi ein gebackener Stimmungsaufheller – schon farblich gesehen. Genauso knallgelb wie die Zitrusfrüchte selbst ist die Tarte. Sie sorgt garantiert für gute Laune, denn der Zitronenduft löst mit seinen ätherischen Ölen Glücksgefühle aus. Dass Kuchen Balsam für die Seele ist, müssen wir wohl nicht erklären ... Wenn du also mal einen schlechten Tag hast, ist diese Tarte die beste Medizin.

15 Minuten Arbeitszeit + **2** bis **3** Stunden Back- und Kühlzeit

ZUTATEN

für eine Tarte

FÜR DEN MÜRBETEIG

- 250 g Mehl
- 65 g Zucker
- 1 Ei
- 110 g kalte Butter
- 1 Prise Salz

FÜR DEN BELAG

- 160 ml Zitronensaft
- 1 EL Speisestärke
- 100 g Butter
- 150 g Zucker
- 5 Eier

TOOLS

- Kochtopf
- Schneebesen zum Verquirlen
- runde Tarteform (ø 28 cm)
- Nudelholz

SO GEHT'S

1. Die Teigzutaten zu einem glatten Teig verkneten, in Frischhaltefolie wickeln und Teig mindestens 30 Minuten kaltstellen.
2. Den Backofen auf 175 °C Ober- und Unterhitze vorheizen.
3. Den gekühlten Teig auf viel Mehl ausrollen, in die Form legen und am Rand hochziehen.
4. Den Boden mit der Gabel einige Male einstechen und für 15 Minuten vorbacken. Achtung: Er wird blindgebacken, damit er nicht hochkommt. Einfach einen Bogen Backpapier drauflegen, mit Linsen, Reis oder Erbsen beschweren und diese nach dem Backen wieder entfernen.
5. Währenddessen die Zitronen auspressen mit dem Zucker, der Speisestärke und den Eiern verquirlen.
6. Die Masse anschließend kurz erhitzen und drei bis fünf Minuten unter ständigem Rühren andicken lassen – auf keinen Fall kochen!
7. Die Zitronencreme nun auf dem vorgebackenen Boden verteilen und die Tarte weitere 20 Minuten backen.
8. Für zwei bis drei Stunden kühl stellen und dann nach Geschmack mit dünnen Zitronenscheiben, Beeren oder Minze dekorieren.

KLEINER TIPP

Mehr Lust auf Limetten? Geht auch! Statt 160 ml Zitronensaft nimm einfach 160 ml Limettensaft!

Pistazienkranz

MIT WEISSER SCHOKOLADE

Obwohl wir Mädchen sind und lange Haare haben und gern hübsch aussehen, können wir keine Frisuren flechten. Überhaupt nicht. Fun Fact: Bei Gebäck geht das! Keine Ahnung, warum das so ist, aber solange es aus Teig ist, sind wir wahre Alleskönner. Und so ist es nicht verwunderlich, dass der Pistazienkranz Teil unserer Favoritenliste geworden ist. Der sieht beeindruckend aus und schmeckt mega.

60 Minuten + **60** Minuten Gehzeit für den Teig

ZUTATEN

für 16 Stücke

FÜR DEN HEFETEIG

- 500 g Mehl
- 220 ml Milch
- 1 Würfel Hefe
- 80 g Zucker
- 80 g Butter
- 1 Ei
- 1 Prise Salz

FÜR DIE FÜLLUNG

- 75 g flüssige Butter
- 100 g Pistazien
- 4 EL Zucker
- 1 TL Vanilleextrakt
- 1 Ei
- 1 EL Milch

FÜR DAS TOPPING

- 125 g Puderzucker
- 1 Bio-Zitrone
- 50 g Pistazien

TOOLS

- Backblech & Backpapier
- Mixer mit Knethaken
- Nudelholz

SO GEHT'S

1 Los geht es mit dem Hefeteig: Zucker und Hefe in warmer Milch auflösen.

2 Mehl und Salz in eine große Rührschüssel geben, dann die erwärmte Butter und die Milch-Hefemischung und alles kurz durchkneten. Dann kommt das Ei dazu und du knetest alles für einige Minuten, bis ein geschmeidiger Teig entstanden ist.

3 Den Teig legst du in eine leicht geölte Rührschüssel und deckst diese mit einem feuchten Geschirrtuch ab. Stelle deinen Teig für etwa eine Stunde an einen warmen Ort, damit dein Teig aufgehen kann.

4 Währenddessen wird die Füllung vorbereitet! Zunächst Die Butter schmelzen und anschließend zusammen mit 100 g der Pistazien pürieren, dann den Zucker und den Vanilleextrakt unterrühren.

5 Den aufgegangenen Teig auf einer bemehlten Arbeitsfläche oder einem bemehlten Stück Backpapier zu einem Rechteck dünn ausrollen, etwa 50 cm x 30 cm groß.

6 Die Pistazienfüllung gleichmäßig darauf verstreichen und dabei am oberen längeren Ende zwei Zentimeter frei lassen.

7 Nun den Teig von der langen Seite von unten nach oben hin zu einer Teigrolle aufrollen. Diese der Länge nach aufschneiden, sodass zwei Stränge entstehen. Anschließend flechtest du beide Seiten zu einem Zopf – die geschnittene Seite sollte dabei immer schön nach oben gucken. Forme den Zopf zu einem Kranz und verbinde die beiden Enden dabei so gut wie möglich.

8 Dann kommt der Kranz auf ein Backblech mit Backpapier und du lässt ihn nochmals etwa 15 Minuten aufgehen. Heize währenddessen den Ofen auf 180 °C Ober- und Unterhitze vor.

9 Verquirle ein Ei mit einem Esslöffel Milch und bestreiche den Kranz damit.

10 Nun wird der Pistazien Kranz für 20–30 Minuten gebacken, bis er goldbraun ist.

11 Den Kranz nach dem Backen gut abkühlen lassen und vor dem Servieren Zuckerguss aus Puderzucker und Zitrone darüber träufeln. Die restlichen Pistazien dekorativ darüber streuen.

EXTRATIPP

Die Schokokranz-Variante

Wir finden, es gibt eigentlich nichts, das nicht auch mit Schokolade schmeckt. Deshalb hier noch ein leckerer Tipp: Schokodrops in den Teig und hinterher flüssige Schoki darüber träufeln. Das gibt einen schönen Kontrast zu den grünen Pistazien.

SÜSSE
Walnuss-Tartelettes

Diese kleinen Dinger brauchen einen Waffenschein. Sie sind so gefährlich lecker, dass man eigentlich immer welche auf Vorrat backen sollte. Lynn isst dazu immer noch eine Kugel Walnusseis. Das kann man für übertrieben halten, aber sie kann einfach nicht widerstehen. Eine unserer Freundinnen mag keine Walnüsse, für sie machen wir immer ein paar mit Haselnüssen, das geht natürlich auch, aber wir lieben Walnüsse, weil sie in ihren geschwungenen Nussformen so viel Karamell aufnehmen können. Und bei Karamell gilt ganz klar: Mehr ist mehr!

35 Minuten + **30** Minuten Kühlzeit

ZUTATEN

für 6 Tartelettes

FÜR DEN MÜRBETEIG

- 150 g Mehl
- 70 g Butter (zimmerwarm)
- 35 g Zucker
- 1 Prise Salz
- 3 EL Wasser

FÜR DIE FÜLLUNG

- 100 g Puderzucker
- 20 g Butter
- 65 ml Sahne
- 1 Prise Salz
- 300 g Walnüsse

TOOLS

- Pfanne
- kleine Tarteformen (ø 10 cm), alternativ kleine Muffinformen

SO GEHT'S

1 Als erstes wird der Mürbeteig für den Boden zubereitet! Dafür das Mehl mit dem Zucker und dem Salz mischen. Die Butter in grobe Würfel schneiden und hinzugeben.

2 Das Wasser ebenfalls hinzugeben und alles zu einem gleichmäßigen Teig durchkneten und zu einer Kugel formen. In Frischhaltefolie wickeln und für mindestens 30 Minuten in den Kühlschrank stellen.

3 Den gekühlten Teig etwas größer als die Tarteform ausrollen, in die Tarteformen legen, leicht andrücken und überstehenden Teig abschneiden, mehrmals mit der Gabel einstechen.

4 Den Ofen auf 180 °C Umluft vorheizen, anschließend die Tartelettes blind backen. Dafür den Teig mit Backpapier auslegen und getrocknete Linsen darauf verteilen. Für zehn Minuten vorbacken. Anschließend die Linsen und das Papier entfernen und nochmals zehn Minuten backen, bis der Boden eine goldbraune Farbe hat.

EXTRATIPP

Blindbacken macht man übrigens, damit der Kuchenboden nicht hochkommt, sondern flach bleibt. Man kann irgendwelche Hülsenfrüchte dafür benutzen. Lege aber unbedingt Backpapier zwischen Teig und Hülsenfrüchte, sonst musst du die wieder aus dem Kuchen pulen. Uns ist das natürlich noch NIE passiert 😂

5 Als nächstes wird das Karamell gekocht! Den Zucker langsam in einer Pfanne erwärmen, bis er schmilzt. Sobald der geschmolzene Zucker karamellisiert die Hitze runterschalten und die Pfanne von der Platte nehmen. Nun die Butter, eine Prise Salz und die Sahne zugeben (Vorsicht, das kann spritzen!) und umrühren bis eine gleichmäßige Masse entsteht.

6 Die Hälfte vom Karamell auf den Böden verteilen, dann einen Teil der Walnüsse darauf geben, wieder Karamell darüber gießen und alles etwas abkühlen lassen. Köstlich!

Wir haben uns übrigens ganz besondere Tarteformen besorgt: Sie haben alle einen herausnehmbaren Boden, damit kann man die Mürbeteigböden nicht nur gut aus der Form lösen, auch die Reinigung geht supereinfach.

LYNN & LISSAS

Glitzergranola

Lynn hat eine heimliche Sucht nach knusprigem Granola. Kaum hat sie es im Haus, ist es schon wieder aufgefuttert. Sie ist sogar mal zu Lissa gefahren, als die im Urlaub war, und hat all ihre Knuspermüsli Vorräte aufgegessen, obwohl sie eigentlich nur Blumen gießen sollte ... Kein Scherz! Zum Glück wissen wir, wie man leckeres, knuspriges Granola in großen Mengen nachproduziert. Und dieses hier glitzert sogar.

20 Minuten

ZUTATEN

für ein großes Glas

- 500 g Haferflocken
- 150 g Nüsse (z. B. Haselnüsse, Paranüsse, Walnüsse)
- 50 g Kokoschips
- 1 Prise Salz
- 150 ml Kokosöl
- 150 ml Agavendicksaft oder Honig
- 50 g Zartbitterschokolade
- 2 EL Glitzersterne (Backabteilung)

TOOLS

- Backblech & Backpapier
- Einmachglas mit Bügelverschluss (ca. 1 l)

SO GEHT'S

1. Den Ofen auf 200 °C Umluft vorheizen.
2. Die Haferflocken, die Nüsse, die Kokoschips und eine Prise Salz mit dem Kochlöffel grob vermischen.
3. Das Kokosöl und den Agavendicksaft in einem Kochtopf schmelzen und beides zu den trockenen Zutaten geben. Mit dem Kochlöffel durchrühren, bis eine einheitliche Masse entsteht.
4. Die Masse auf einem mit Backpapier belegtes Backblech verteilen und alles etwa zehn Minuten im Ofen backen, bis es leicht gebräunt aussieht. Dann einmal wenden und weitere fünf Minuten backen.
5. Nach der Backzeit muss das Granola gut auskühlen, damit es knusprig wird.
6. In der Zeit die Zartbitterschokolade klein hacken.
7. Wenn das Granola kalt und crunchy ist, die gehackte Schokolade und die Glitzersterne hinzugeben. Fertig!

EXTRATIPP

Luftdicht verpackt im Glas oder einer Tüte hält sich das Granola einige Wochen und ist toll als Geschenk geeignet! Wir verschenken jedes Jahr zum Nikolaus eine neue Granola-Variante und unsere gesamte Verwandtschaft freut sich jetzt schon auf die nächste Runde!

hat Suchtpotential!
Sagt Lissa – und die muss
es ja wissen!

Noch eine Portion Klugscheißerwissen: Der Unterschied zwischen Müsli und Granola ist, dass Granola gebacken wird, beim Müsli werden die Zutaten (in der Regel Haferflocken, Nüsse, Früchte und Saaten) gemischt, ohne backen. Granola und Knuspermüsli sind aber das gleiche. So, jetzt ab an den Ofen!

Trendy Brookie

(BROWNIE + COOKIE)

Brownie + Cookie = Brookie! Dieser Food Trend ist perfekt, wenn ihr euch nicht entscheiden könnt, ob ihr Brownies oder Cookies backen wollt (wir haben dieses Problem ständig). Die Brownie Schicht ist ultra saftig und schokoladig, die Cookie Schicht obendrauf schön knusprig. Diese beiden Leckerbissen passen genauso gut zusammen wie wir beide und sind zusammen NOCH liebenswerter. Aber Achtung: Sehr hohes Suchtpotential!

60 Minuten

ZUTATEN

für 12 Stück

FÜR DEN COOKIE-TEIG

- 90 g weiche Butter
- 80 g brauner Zucker
- 1 Ei
- 1 TL Vanilleextrakt
- 170 g Mehl
- ½ Packung Backpulver
- 80 g Schokodrops zartbitter

FÜR DEN BROWNIE-TEIG

- 200 g Zartbitter-schokolade
- 180 g weiche Butter
- 3 Eier
- 200 g Zucker
- 85 g Mehl
- 40 g Backkakao

TOOLS

- Mixer
- kleine, eckige Backform (unsere ist 20 cm x 25 cm groß)

SO GEHT'S

1. Der Cookie-Teig wird zuerst zubereitet! Dafür die weiche Butter mit dem braunen Zucker gründlich mixen und das Ei und den Vanilleextrakt dazugeben.
2. In einer zweiten Schüssel das Mehl mit dem Backpulver und vier Esslöffeln Schokodrops mischen und alles zur Butter-Zucker-Mischung geben.
3. Nun geht es an den Brownie-Teig. Die Zartbitterschokolade grob hacken und gemeinsam mit der Butter in einem Wasserbad schmelzen. Dabei gelegentlich umrühren. Anschließend etwas abkühlen lassen.
4. Den Backofen auf 180 °C Ober- und Unterhitze vorheizen und eine kleine, eckige Backform fetten.
5. Die drei Eier mit dem Zucker cremig rühren (das dauert einige Minuten) und die geschmolzene Schokolade dazugeben. Die Schokolade vorsichtig unterrühren, dann das Mehl und den Backkakao dazugeben.
6. Nun den Brownie-Teig in die Form geben und gleichmäßig verteilen. Anschließend den Cookie-Teig auf einer bemehlten Arbeitsfläche ausrollen, bis er etwa so groß ist, wie die Form. Den Cookie-Teig über die Brownie-Masse legen und die übrigen Schokodrops über den Teig streuen. Den rohen Brookie für 35–40 Minuten backen.
7. Die Brookies nach dem Backen gut abkühlen lassen und in neun bis zwölf Quadrate schneiden.

KLEINER TIPP

Der Brownie wird mit weißer Schokolade zum Blondie und schmeckt auch richtig super, den Kakao dafür einfach weglassen.

Süße Pizza

MIT SCHOKOLADE UND GERÖSTETEN NÜSSEN

Pizza mögen wir beide wirklich sehr gerne. Wenn es dann noch süße Pizza mit Schokolade ist, können wir uns kaum mehr beherrschen. Egal ob als Nachtisch oder Nachmittagssnack – süße Pizza ist einfach der Oberknaller! Schon beim Gedanken an diesen warmen, frischen Pizzaboden mit flüssiger Schokolade und einer Note von gerösteten Nüssen fließt uns das Wasser im Mund zusammen.

90 Minuten

ZUTATEN

für 1 Pizza, ca. ø 20 cm

FÜR DEN PIZZATEIG

- 100 ml lauwarmes Wasser
- 150 ml lauwarme Milch
- 1 EL Zucker
- 1 Würfel frische Hefe
- 400 g Weizenmehl
- 1 Prise Salz
- 2 EL neutrales Öl

FÜR DEN PIZZABELAG

- 4–5 EL Nuss-Nugat-Creme
- 50 g grob gehackte Haselnüsse
- 50 g grob gehackte Schokolade
- nach Geschmack frische Erdbeeren oder Bananen in Scheiben

TOOLS

- Mixer
- Backpapier – übrigens haben wir wiederverwendbares Backpapier, das spart Müll
- optional: Pizzastein

SO GEHT'S

1 Das lauwarme Wasser, die lauwarme Milch und den Zucker in einer Schüssel mischen.

2 Anschließend die Hefe klein bröseln und in der Flüssigkeit auflösen. Zwei Esslöffel vom Mehl unterrühren und diesen Vorteig etwa zehn Minuten stehen lassen.

3 Danach das restliche Mehl mit dem Salz mischen und alles zum Vorteig geben. Die zwei Esslöffel Öl auf das Mehl gießen und alle Zutaten gründlich kneten – mit den Knethaken vom Mixer oder mit den Händen.

4 Eine ausreichend große Schüssel einölen, den Teig zu einer Kugel formen und in die Schüssel legen. Der Hefeteig muss nun etwa 60 Minuten an einem warmen Ort aufgehen.

5 In der Zwischenzeit den Pizzastein auf dem Grill oder den Ofen auf 250 °C Umluft vorheizen.

EXTRATIPP

Wenn du weniger Zeit hast, kannst du fertigen Pizzateig kaufen und verwenden. Und auf einem Pizzastein bzw. im Pizzaofen wird auch diese süße Pizza NOCH leckerer – ein super Nachtisch bei jeder Grillparty!
Du kannst aus dem Teig statt einem Kreis auch ein Herz formen – dann ist es eine Liebes-Schoko-Pizza und perfekt für Valentinstag und süße Verabredungen. 😘

6 Den Teig nach seiner Gehzeit auf einer bemehlten Arbeitsfläche zu einem großen, runden Kreis ausrollen.

7 Achtung: Der Belag kommt erst nach dem Backen drauf! Den blanken Pizzateig in den Ofen schieben, wo er etwa zehn Minuten lang knusprig gebacken wird.

8 Während der Teig bäckt, werden in einer Pfanne ohne Fett die Haselnusskerne geröstet.

9 Nach dem Backen die heiße Pizza mit reichlich Nuss-Nougat-Creme bestreichen, die gehackten Haselnüsse sowie die gehackte Schokolade darüberstreuen.

10 Nach Geschmack können zudem frische Erdbeeren, Bananenscheiben oder andere Leckereien auf der Pizza landen.

Dank fertigem Pizzateig das perfekte Last Minute Dessert! Das Beweisvideo findest du hier

SÜSSE

Sushi-Rollen

Diese Idee kam uns, als wir nach dem Sushi All-you-can-eat immer noch großen Appetit auf Nachtisch hatten und darüber philosophierten, wie es wäre, ein ganzes Laufband voll süßer Sushi-Rollen vor uns zu haben … Diesen Tagtraum haben wir uns erfüllt und direkt die Dessert-Variante umgesetzt. Ein fluffiger Schoko-Pfannkuchen ummantelt die Banane, obendrauf ein bisschen was Knuspriges und ein wenig Nussmus – mmh …

10 Minuten

ZUTATEN

für 6 Portionen

FÜR DEN TEIG

- 4 Eier
- 400 ml Milch
- ½ TL Salz
- 40 g Zucker
- 400 g Mehl
- 2 EL Kakaopulver
- 120 ml Mineralwasser
- etwas Öl oder Butter zum Backen

FÜR DIE FÜLLUNG & DAS TOPPING

- 6 Bananen
- 100 g Nussmus (Erdnuss, Cashew, Haselnuss oder Mandel)
- 2 EL Kakaonibs
- Schokosoße

TOOLS

- Pfanne
- Mixer

SO GEHT'S

1 Als erstes wird der Pfannkuchenteig angerührt, das ist einfach: Alle Teigzutaten zu einer gleichmäßigen Masse mischen und zuletzt das Mineralwasser dazugeben.

2 Eine gut beschichtete Pfanne erhitzen und etwas fetten. Die Pfannkuchen so dünn wie möglich backen, je dünner sie werden, desto besser können sie um die Banane gerollt werden.

3 Die Bananen schälen.

4 Die fertigen Pfannkuchen mit Nussmus bestreichen, eine Banane drauflegen und daraus eine Rolle formen (ggf. mit einem Zahnstocher befestigen).

5 Die große Bananen-Pfannkuchen-Rolle in mehrere Scheiben schneiden, sodass kleine „Sushi-Rollen" daraus werden.

6 Die Rollen mit Kakaonibs und nach Geschmack mit Schokosoße garnieren.

must bake!

KEINE ZEIT? SO GEHT'S NOCH SCHNELLER!

Dieses Rezept geht ohnehin super schnell, aber mit fertigen Pfannkuchen oder Wrapböden schafft man es sogar in zwei Minuten!

Glaubst du nicht? Dann schau mal hier:

BEINDRUCKENDE Angebertorte

Eine mehrstöckige Torte, die nicht nur gut aussieht, sondern dabei auch noch mega einfach zuzubereiten ist? Können wir! Mit diesem besonderen Back-Kunstwerk wurde Lissa schon von Lynn an ihrem Geburtstag überrascht. Eines ist sicher: Mit unserer Angebertorte beeindruckst du garantiert jeden, der sie zu Gesicht und in den Mund bekommt. Sie eignet sich perfekt als Geburtstagstorte (mit Buchstaben oder Zahlen – bei Schnapszahlen ist es noch einfacher, weil man zwei Mal die gleiche Zahl backt) und sie kann nach Belieben verziert werden und schmeckt einfach fantastisch!

90 Minuten

ZUTATEN

für eine Torte

FÜR DEN BISKUITBODEN

- 8 Eier
- ¼ TL Salz
- 230 g Zucker
- 1 TL Vanilleextrakt
- 250 g Mehl
- 80 g Speisestärke
- 1 Päckchen Backpulver

FÜR DIE CREME

- 350 g Mascarpone
- 200 g Magerquark
- 60 g Zucker
- 2 EL Zitronensaft
- 20 g Vanillezucker
- 1 TL Vanilleextrakt
- 200 g Sahne
- 2 Päckchen Sahnesteif
- gemischte frische Beeren
- Dekoration: essbare Blüten, Süßigkeiten, Mini-Baiser, Minze, Glitzerstreusel …

SO GEHT'S

1. Den Backofen auf 160 °C Ober- und Unterhitze vorheizen.
2. Für den Biskuitteig zunächst die Eier mit dem Salz und dem Zucker ganz gründlich aufschlagen – hier ist Ausdauer gefragt, oder eine Küchenmaschine. Wenn alles schön schaumig ist, kommt der Vanilleextrakt dazu.
3. In einer zweiten Schüssel das Mehl mit dem Backpulver und der Speisestärke mischen. Die trockenen Zutaten zum Rest der Masse sieben und kurz umrühren.
4. Zwei Backbleche mit Backpapier auslegen und den Teig auf die beiden Bleche aufteilen. Er muss jetzt 20–25 Minuten goldbraun backen und danach vollständig abkühlen – idealerweise auf einem kalten Rost oder Kuchengitter.
5. In der Zwischenzeit wird die Creme vorbereitet! In einer großen Schüssel die Mascarpone, den Magerquark, den Zucker, den Zitronensaft, den Vanillezucker und den Vanilleextrakt verrühren.
6. In einer zweiten Schüssel die Sahne mit dem Sahnesteif steifschlagen und unter die restliche Masse heben.
7. Die Creme in einen Spritzbeutel mit großer Loch- oder Sterntülle füllen und alles bis zur Verwendung kaltstellen.

TOOLS

- Backblech und Backpapier oder passende Backform
- Mixer
- Spritzbeutel
- Stift & Schere

8 Aus einem Stück Papier die Schablone für die Torte ausschneiden – eine Zahl? Ein Buchstabe? Oder sogar ein Motiv? Mithilfe der Schablone und eines Messers aus den backblechgroßen Böden die gewünschten Formen ausschneiden. Wichtig: Es müssen zwei möglichst gleiche Böden werden, damit sie übereinandergestapelt werden können.

Häääää, was!? Schaue dir unser Erklärvideo dazu an!

9 Mit der Mascarpone-Quark-Creme aus dem Spritzbeutel Tupfen auf den unteren Biskuitboden setzen, bis er vollständig mit Creme bedeckt ist. Den zweiten Biskuitboden darauflegen, leicht andrücken und die restlichen Creme-Tupfen daraufsetzen.

10 Die Torte obendrauf mit Beeren, Blüten, Süßigkeiten, Baiser-Minies oder Minze dekorieren. Und, haben wir zu viel versprochen?

Unsere 3 wichtigsten Tipps zu Biskuitböden

1 Es lohnt sich, das Mehl und das Backpulver zu sieben. So wird der Teig luftiger und es bilden sich keine Klümpchen.

2 Die Ofentür während des Backens geschlossen halten, damit der Kuchen nicht in sich zusammenfällt.

3 Die Böden einfach am Vortag zubereiten und luftdicht verpackt aufbewahren. Das spart Zeit!

FRISCH & FRUCHTIG

Knuspermüsli-Cups

MIT BEEREN

Frühstück ist für uns die beste Mahlzeit am Tag: Mehrstöckige Pfannkuchentürme, fruchtige, bunte Smoothie Bowls, knusprige Avocado-Toasts und Joghurt mit Beeren und knuspriges Müsli … Da kann die Entscheidung schon mal tricky werden. Dieses Rezept für Knuspermüsli Cups gehört definitiv auch zu unseren Frühstückslieblingen und ist extrem raffiniert, denn du kannst deine Müslischüssel direkt mitessen! So sparst du dir den Abwasch. Das Rezept ist vegan und steckt voller Vitamine und Power für den Tag und ein prall gefüllter Cup hat gerade einmal 155 Kalorien!

35 Minuten

ZUTATEN

für 6 Cups

- 1 große reife Banane
- 130 g Haferflocken
- 50 ml Agavendicksaft
- 2 EL Chiasamen
- 250 g Kokos-Joghurt
- 1 TL Vanilleextrakt oder gemahlene Vanille
- 100 g frische Blaubeeren
- 100 g frische Erdbeeren

TOOLS

- Muffinformen

SO GEHT'S

1 Den Ofen auf 180 °C Ober- und Unterhitze vorheizen.

2 Die Banane schälen und musen.

3 Das Bananenmus mit den Haferflocken, dem Agavendicksaft und den Chiasamen mischen. All diese Zutaten gründlich verrühren.

4 Die Masse auf die sechs gefetteten Muffinförmchen verteilen und gut festdrücken. Der Rand sollte komplett bedeckt sein.

5 Nun kommen die Cups für 25 Minuten in den Ofen.

6 Währenddessen die Beeren waschen und das Grün von den Erdbeeren entfernen.

7 Etwa die Hälfte der Erdbeeren in den kalten Kokos-Joghurt hineinpürieren.

8 Wenn die Cups fertig gebacken und abgekühlt sind, den Erdbeer-Kokos-Joghurt hineinfüllen und alles mit frischen Beeren dekorieren.

KLEINER TIPP

Ohne Füllung kann man die Cups mehrere Tage aufbewahren, am besten luftdicht verschlossen im Kühlschrank.

Vitaminreich, vegan,
voll lecker!

Schoko-Nicecream

MIT BLAUBEEREN

Nicecream ist die gesündere Schwester der Eiscreme und hat einen riesigen Vorteil: Man kann sie sehr schnell, sehr einfach selbst machen. Für den Fall der Fälle haben wir immer ein paar tiefgefrorene Bananen im Tiefkühlschrank, denn sie sind die Basis unserer liebsten Nicecream Rezepte. Dieses Rezept ist vegan und man braucht gerade einmal vier Zutaten und fünf Minuten Zeit, bis die cremige Erfrischung vor einem steht.

5 Minuten

ZUTATEN

für 2 Portionen

- 3 reife Bananen
- 2 TL Kakaopulver
- 100 g frische Blaubeeren
- 2 EL Kakaonibs

TOOLS

- Stabmixer oder Food Processor

SO GEHT'S

1 Bananen in kleine Stücke schneiden und für mehrere Stunden einfrieren.

2 Die gefrorene Banane mit dem Kakaopulver und den Blaubeeren in einem leistungsstarken Mixer zu einer cremigen Masse verrühren.

3 Die Nicecream mit Kakaonips und einigen frischen Blaubeeren und Bananenscheiben toppen und direkt auffuttern!

KLEINER TIPP

Die Bananen frierst du am besten am Vortag ein, damit sie komplett gefroren sind – so hat die Nicecream die beste Konsistenz! Übrigens: Diese Nicecream kommt ganz ohne Zuckerzusatz aus und schmeckt trotzdem richtig süß. Deshalb ist es wichtig, dass die Bananen möglichst reif sind.

superlecker!!

Pfirsiche vom Grill

MIT VANILLEEIS

Süßes vom Grill?! Ja bitte! Wir haben nach dem herzhaften Hauptgang immer ein Grill-Dessert im Kopf, denn auf den heißen Kohlen lässt es sich ganz wunderbar backen. Dieses Rezept ist durch Zufall entstanden, als wir beim Grillen mit der Familie schnell was zum Angeben servieren wollten und ein paar reife Pfirsiche parat hatten. Warum das so lecker ist? Die Pfirsiche karamellisieren durch ihre natürliche Süße auf dem Rost, die Mandeln bekommen auf dem Grill ein tolles Röstaroma und die Kugel Eis obendrauf schmilzt zart dahin …

10 Minuten

ZUTATEN

für 4 Stück

- 100 g ganze Mandeln
- 1 Prise Zimt
- 1 TL Kokosöl
- 1 EL Ahornsirup
- 4 große Pfirsiche
- 4 EL Vanilleeis
- frische Minze als Deko

TOOLS

- Pfanne
- Grill mit Grillrost

SO GEHT'S

1. Falls er noch nicht heiß ist, wird der Grill als erstes angeschmissen – es geht sowohl mit einem Holzkohlegrill als auch mit einem Gasgrill. Hauptsache Rost!
2. Die Mandeln recht grob hacken und in einer Schüssel mit dem Zimt, dem Kokosöl und dem Ahornsirup verrühren.
3. Die Brösel in einer Pfanne ohne Fett anrösten, bis sie leicht goldbraun sind. Aus der Pfanne nehmen und beiseitestellen.
4. Die Pfirsiche waschen, halbieren und den Kern entfernen, dann mit einem Teelöffel ganz leicht aushöhlen.
5. Die Pfirsiche nun mit der Kernseite auf das Grillrost legen und für vier bis fünf Minuten grillen, bis das Fruchtfleisch leicht karamellisiert. Am besten nicht direkt über der Flamme platzieren, sondern am Rand, damit sie nicht verbrennen.
6. Die gegrillten Pfirsiche etwas abkühlen lassen und dann mit den karamellisierten Mandeln, dem Vanilleeis und ein paar Minzblättern garnieren.

KLEINER TIPP

Keinen Grill parat? Dann kannst du das Ganze auch in einer Pfanne machen.

ein Hochgenuss!

VEGANER

Kiwi-Kuchen

Mit unseren veganen Backrezepten sorgen wir regelmäßig für Begeisterung: WIE, DAS IST VEGAN?! Ja, ist es! Veganes Gebäck bedeutet nicht, dass man auf Vergnügen verzichten muss, es kann unglaublich lecker sein – so wie unser Kiwi Kuchen. Dieses Prachtexemplar ist ein sogenannter Raw Cake, denn er wird nicht gebacken, sondern im Eisfach gekühlt, bis er fest ist. Er ist nicht nur frei von tierischen Zutaten, sondern auch glutenfrei, ohne raffinierten Zucker, dafür aber ein optischer und geschmacklicher Knaller für alle Süßigkeiten verehrenden Leckermäuler.

10 Minuten Arbeitszeit + **30** Minuten Kühlzeit

ZUTATEN

für 4 Portionen

FÜR DEN BODEN

- 150 g getrocknete Feigen
- 40 g geschälte Mandeln
- 40 g Cashewnüsse
- 25 g Kokosraspel

FÜR DEN BELAG

- 250 g Cashewnüsse
- 75 ml Zitronensaft
- 75 ml Ahornsirup
- 120 g Kokosöl
- 2 Kiwis

TOOLS

- Pürierstab oder Küchenmaschine
- kleine Kastenform (15 cm x 6,5 cm)
- Backpapier

SO GEHT'S

1. Die Kastenform mit Backpapier auslegen.
2. Die Feigen, die Mandeln und Cashews sowie die Kokosraspeln mit einem Pürierstab oder der Küchenmaschine fein zerkleinern. Die Mischung in die Form drücken, sodass ein fester, glatter Boden entsteht.
3. Für die Füllung die Cashews, den Zitronensaft, den Ahornsirup und das zimmerwarme Kokosöl und zu einem feinen, cremigen Püree mixen.
4. Das Püree auf dem Kuchenboden gleichmäßig verteilen.
5. Die Kiwis schälen und in Scheiben schneiden. Den Kuchen damit belegen. Vor dem Servieren etwa 30 Minuten im Tiefkühlfach kaltstellen, damit die Masse fest wird.

EXTRATIPP

Für den Boden gibt es leckere Alternativen, falls Feigen nicht dein Geschmack sind. Getrocknete Aprikosen oder Datteln eignen sich ebenfalls sehr gut und auch die Cashews kannst du durch Mandeln oder Walnüsse ersetzen, falls du die lieber magst.

MINI

Apfel-Birnen-Strudel

Ein weiteres Rezept aus unserer Winterurlaub-Sammlung. Als wir an einem sehr verschneiten, anstrengenden Tag vom Rodeln zurückkamen, hatten wir schrecklichen Heißhunger auf einen wärmenden, süßen Strudel. Doch ihr kennt uns, in der Küche wird ständig experimentiert, deshalb ist aus dem klassischen Apfelstrudel dieses Rezept entstanden: Putzige kleine Apfel-Birnen-Strudel, auf denen eine gehörige Portion Vanillesoße nicht fehlen darf. Dazu eine heiße Schokolade, eine dicke Kuscheldecke und das Gemütlich-Feeling ist perfekt.

30 Minuten

ZUTATEN

für 4 Mini-Strudel

- 2 saure Äpfel
- 1 Birne
- 20 ml Zitronensaft
- 40 g Zucker
- 1 Päckchen Bourbon Vanillezucker
- 1 Päckchen Vanilleextrakt
- ½ TL Zimt
- 1 EL Speisestärke
- 50g gehackte Mandeln
- 1 Rolle Filoteig
- 20 g weiche Butter
- Vanillesoße
- Puderzucker zum Bestäuben

TOOLS

- Backblech & Backpapier

SO GEHT'S

1. Den Backofen auf 200 °C Ober- und Unterhitze vorheizen.
2. Die Äpfel und die Birne waschen, schälen, vierteln, entkernen und in recht kleine Stücke schneiden. Alles in eine Schüssel geben und mit dem Zitronensaft beträufeln.
3. In einer zweiten Schüssel den Zucker, den Vanillezucker, den Vanilleextrakt, den Zimt, die Stärke und die Mandeln vermengen und alles über das Obst geben. Kurz durchrühren.
4. Den Teig entfalten, auf ein feuchtes Küchentuch legen und in vier gleichgroße Rechtecke schneiden.
5. Die Apfel-Birnen-Mischung jeweils gleichmäßig auf der schmalen Seite der vier Rechtecke verteilen, dabei ein wenig Rand lassen.
6. Die Ränder mit weicher Butter bestreichen und den Teig mitsamt der Füllung einrollen. Die Enden leicht aneinanderdrücken, sodass die Füllung nicht herausfällt. Die Rollen mit der restlichen Butter bepinseln.

KLEINER TIPP

Statt Äpfeln und Birnen schmecken die kleinen Strudel auch köstlich mit einer Beeren Füllung – das Rezept bleibt das gleiche, nur werden die Äpfel und Birnen gegen 300 g Himbeeren, Erdbeeren oder Blaubeeren ausgetauscht und du gibst noch 50 g Gelierzucker hinzu!

7 Nun kommen die kleinen Strudel für 15–20 Minuten in den Ofen.

8 Die Mini-Apfel-Birnen-Strudel nach der Backzeit kurz abkühlen lassen. Vor dem Servieren mit Puderzucker und Vanillesoße dekorieren.

yummi!

Himbeer-Blaubeer-Tarte

Himbeeren und Blaubeeren sind eine tolle Kombination. Nicht nur optisch, sie schmecken auch gut zusammen, denn die zurückhaltenden Blaubeeren bekommen durch den Zucker der Himbeeren einen geschmacklichen Push! Das wirst du feststellen, wenn du diese Tarte ausprobierst. Die Beeren werden nicht mitgebacken, sondern landen erst zum Schluss drauf – dann behalten sie ihre Form und es schmeckt noch frischer. Das ist übrigens nicht das einzige Tarte-Rezept in unserem Backbuch, denn diese köstlichen französischen Mürbeteigkuchen sind unglaublich wandelbar. Dazu später mehr, jetzt gibt's Himbeer-Blaubeere-Tarte!

ca. **2** Stunden + Kühlzeit

ZUTATEN

für 6 Portionen

FÜR DEN MÜRBETEIG

- 125 g Butter
- 250 g Mehl
- 50 g Zucker
- 1 mittelgroßes Eigelb
- 1 Prise Salz
- 30 ml Wasser

FÜR DIE FÜLLUNG & DEN BELAG

- 300 g Frischkäse
- 3 EL Zucker
- 1 TL Zitronenabrieb
- 3 EL Milch
- 1 Ei
- 1 TL Vanilleextrakt
- 100 g frische Himbeeren
- 100 g frische Blaubeeren
- Puderzucker zum Bestäuben

TOOLS

- Kastenform (30 cm x 11 cm) oder Tarteform (ø 28 cm)
- Mixer
- Nudelholz

SO GEHT'S

1 Gestartet wird mit dem Mürbeteig! Die kalte Butter in Stücken zusammen mit dem Mehl, dem Zucker, dem Eigelb, dem Wasser und der Prise Salz in eine Schüssel geben und alles mit den Händen oder den Knethaken des Mixers zu einem Teig kneten.

2 Den Mürbeteig zu einer Kugel formen, sie in Frischhaltefolie wickeln und für mindestens 45 Minuten in den Kühlschrank stellen.

3 Den Backofen auf 175 °C Ober- und Unterhitze vorheizen.

4 Den gekühlten Mürbeteig rechteckig ausrollen und in die Form legen. Am Rand sollte er etwa zwei Zentimeter hochstehen. Den Teig mit einer Gabel mehrfach einstechen, damit er beim Backen nicht aufgeht, und ihn zehn bis zwölf Minuten vorbacken.

5 Währenddessen wird die Füllung angerührt: Den Frischkäse, den Zucker, den Zitronenabrieb, die Milch, das Ei und den Vanilleextrakt vermischen, bis eine gleichmäßige Masse entsteht.

6 Die Creme auf dem Tarte-Boden verteilen und alles für 25–30 Minuten im heißen Ofen backen.

7 Die Tarte nach dem Backen gut abkühlen lassen, mindestens zwei Stunden oder über Nacht.

8 Vor dem Servieren wird die Tarte mit frischen Blaubeeren und Himbeeren belegt und mit Puderzucker bestäubt.

EXTRATIPP

Manchmal bekommen die Früchte nicht genug Sonne und ihnen fehlt etwas Süße – das bekommt man mit ein paar Tropfen Holunderblütensirup hin – einfach über die Beeren träufeln, das bringt den Früchte-Geschmack zur Geltung.

SCHNELL, ABER OHO!

HERZHAFTE

Frühstücksmuffins

Spontaner Frühstückbesuch steht bei dir auf der Matte? Keine Panik! Mit diesem Rezept tischst du schnell und lecker auf – wahlweise auch vegetarisch. Wir lieben die kleinen, herzhaften Muffins, weil sie minimalen Aufwand und maximalen Genuss bedeuten. Die Zutaten hast du bestimmt alle im Haus.

20 Minuten

ZUTATEN

für 12 Muffins

- 12 Scheiben Toast, Weizen oder Vollkorn
- 2 EL Butter oder Margarine
- 12 Scheiben Bacon
- 12 Eier
- Salz & Pfeffer
- frischer Schnittlauch

TOOLS

- Muffinformen
- Nudelholz

SO GEHT'S

1. Backofen auf 200 °C Ober- und Unterhitze vorheizen.
2. Toastscheiben mit dem Nudelholz platt rollen und sie mit etwas Butter oder Margarine bestreichen.
3. Die Toastscheiben in die Förmchen legen und wahlweise einen Streifen Bacon darauflegen.
4. Pro Förmchen ein Ei in die Form schlagen, mit Salz und Pfeffer würzen.
5. Im Ofen werden die herzhaften Toastmuffins nun für 12–15 Minuten gebacken.
6. Mit frischem Schnittlauch dekorieren.

KLEINER TIPP

Das Ei kann vorher verquirlt und wahlweise mit Kräutern, Bacon, Käse oder Tomaten gemischt werden, bevor es in den Backofen geht. Dann sind es Rührei Muffins!

machen jeden Morgen-
muffel munter!

LECKERES

Quark-Hasen-Duo

Wenn ein Fest vor der Tür steht, streichen wir die Tage im Kalender ab. Wir sind völlig ohne Geduld auf die Welt gekommen und das war schon immer so. Unsere Mama wollte früher nicht alle drei Minuten ausrechnen, wie viele Stunden es noch dauert, bis wir endlich Ostereier suchen dürfen, sie hat uns dann einfach abgelenkt. Und zwar mit Backen. Von ihr ist dieses rasante Quarkhasen-Rezept. Simpel, schnell und lecker – genau richtig für zwei ungeduldige Naschkatzen. Bis heute dürfen sie Ostern bei uns nicht fehlen.

ZUTATEN

für 6 Hasen

FÜR DEN TEIG

- 200 g Magerquark
- 50 g Zucker
- 1 Päckchen Vanillezucker
- 1 Ei
- 50 ml Rapsöl
- 40 ml Milch
- 300 g helles Mehl, Weizen oder Dinkel
- 4 TL Backpulver
- 2 TL Zitronenabrieb
- 1 Prise Salz
- 40 g Backkakao

ZUM VERZIEREN

- 80 g Butter
- 50 g Zucker

TOOLS

- großer Hasen Ausstecher (ca. 16 cm)
- Backblech + Backpapier
- Nudelholz

30 Minuten

SO GEHT'S

1. Den Backofen auf 175 °C Umluft vorheizen.
2. Alle Teigzutaten außer den Backkakao in eine Schüssel geben und kneten, bis eine homogene Masse entsteht. Den Teig in zwei Portionen teilen und in eine Hälfte den Backkakao einarbeiten.
3. Die Arbeitsfläche bemehlen oder die Backmatte benutzen. Darauf werden die beiden Teig-Portionen etwa einen Zentimeter dick ausgerollt. Aus diesem Teig mit dem Ausstecher Hasen ausstechen.
4. Die Hasen auf ein mit Backpapier ausgelegtes Backblech legen und mit etwas flüssiger Butter bestreichen.
5. Für zehn bis 14 Minuten werden die Häschen nun gebacken, anschließend noch heiß erneut mit flüssiger Butter bestrichen und direkt in Zucker gewälzt.
6. Sie schmecken frisch am besten!

lecker!

Last Minute Geschenk benötigt?

Dieses Rezept funktioniert natürlich nicht nur mit Hasen-Ausstecher, sondern auch an Weihnachten mit einem Nikolaus oder rund ums Jahr als großes Herz!

Englische Scones

MIT MARMELADE

Scones bedeutet wörtlich übersetzt „Feines Gebäck" und das essen die Briten gern zum Tee. Wir geben hier unser solides Basis-Scones-Rezept zum Besten und laden euch ein, die selbst zu gestalten. Scones kann man herzhaft oder süß wandeln, dafür rührt man in den Teig ein, wonach einem der Sinn steht. Wir lieben Schokodrops, aber auch mit Himbeeren und weißer Schoki schmecken die sensationell. In der herzhaften Variante sind wir Team Käse und getrocknete Tomaten. Welche wohl im Buckingham Palace zum Tee gereicht werden?

25 Minuten

ZUTATEN

für 6 Scones

FÜR DAS BASISREZEPT

- 225 g Weizenmehl
- 30 TL Backpulver
- 30 g Rohrzucker
- 40 g kalte Butter in Stücken
- 1 Ei
- 100 ml Milch
- ½ TL Salz

OPTIONAL

- Schokonips
- Haselnüsse
- getrocknete Cranberries
- getrocknete Tomaten
- Reibekäse

TOOLS

- Schneebesen
- Backblech & Backpapier
- Glas zum Ausstechen

SO GEHT'S

1 Den Backofen auf 220 °C Umluft vorheizen.

2 Das Mehl, das Backpulver, das Salz und den Zucker in einer Schüssel verrühren und die kalten Butterstückchen grob einarbeiten.

3 Das Ei und die Milch mit dem Schneebesen verquirlen und beides zur Mehlmischung hinzugeben. Alles fix zu einem bröslígen Teig vermengen und die süßen oder herzhaften Wunschzutaten hinzugeben – der Teig soll unfertig aussehen!

4 Den Teig auf bemehlter Arbeitsfläche etwa drei bis vier Zentimeter dick ausrollen und mit einem runden Glas (etwa fünf Zentimeter Durchmesser) Kreise ausstechen.

5 Die Scones müssen nun auf mittlerer Schiene etwa 12 Minuten backen, bis sie goldgelb sind.

6 Serviert werden sie klassisch mit Erdbeermarmelade, Clotted Cream (Butter geht aber auch hervorragend) und natürlich schwarzem Tee mit Milch.

EXTRATIPP

Die Scones und all ihre Zutaten sollten so kalt wie möglich sein, bis sie in den Ofen kommen – so gehen sie beim Backen besser auf!

very british and
very lecker!

HERZHAFTE

Waffel-Sandwiches

Wir fahren gern zusammen weg. Bereits vorher recherchieren wir auf Insta, welche Cafés und Buden man unbedingt besuchen sollte. Auf einem dieser Ausflüge haben wir eins der besten Sandwiches ever gegessen! Natürlich haben wir das sofort notiert und ein Rezept für unser Buch entwickelt. Die Kombination Waffel mit herzhaftem Belag sieht aus wie ein Sonntag in einem Straßencafé irgendwo zwischen Brüssel und London. Tataa – hier ist es!

15 Minuten

ZUTATEN

für 6 Sandwiches

FÜR DEN TEIG

- 200 g Weizen- oder Dinkelmehl
- ½ Päckchen Backpulver
- 100 g weiche Butter
- ½ TL Salz
- 4 Eier
- 50 g Magerquark
- 80 ml Mineralwasser
- 50 g geriebenen Parmesan
- etwas Pfeffer
- Kräutermix

FÜR DEN BELAG

- 2 große Tomaten
- 1 Kugel Mozzarella
- 10–12 Basilikumblätter
- 4 EL grünes Pesto
- 1 Avocado

TOOLS

- Mixer
- Waffeleisen für belgische Waffeln
- Holzspieße

SO GEHT'S

1 Das Mehl mit dem Backpulver vermischen.

2 In einer zweiten Schüssel die Butter mit dem Salz schaumig schlagen. Die Eier einzeln dazugeben und jeweils gut unterrühren. Den Magerquark ebenfalls unterrühren.

3 Anschließend die Mehl-Backpulver-Mischung mit der flüssigen Masse verrühren.

4 Den geriebenen Parmesan, Pfeffer und Kräutermix nach Geschmack dazugeben. Zum Schluss etwas Mineralwasser unter den Teig rühren.

5 Das Waffeleisen aufheizen, etwas einfetten – los geht das Waffelbacken! Den gesamten Teig zu Waffeln backen.

6 Währenddessen die Tomaten, den Mozzarella und die Avocado in dünne Scheiben schneiden.

7 Zum Schluss je eine Waffel mit etwas Pesto bestreichen und nach Geschmack mit Tomaten, Mozzarella, Basilikum, Avocado belegen. Dann eine weitere Waffel als Deckel oben drauflegen, den Waffel-Sandwich mit einem Holzspieß fixieren.

EXTRATIPP

Beim Belag kannst du dich austoben: Die Kombi aus Rucola, Serrano Schinken und Frischkäse ist auch sehr lecker! Und bitte schreib uns, welche Kombination du entwickelst – wir lieben Experimente!

schmeckt nach
Fernweh!

French Toast
AUFLAUF

Auf die Idee mit dem süßen French Toast Auflauf sind wir gekommen, als wir ein ganzes Brioche im Brotkasten vergessen haben und es einfach hart geworden ist. Wir sind große Nachhaltigkeits-Freundinnen und deshalb war klar: In den Müll kann das nicht. Aber etwas Süßes? Das geht immer. Seit wir das Rezept kennen, steht oft eine große Auflaufform damit auf dem Frühstückstisch und kein Weißbrot oder Brioche überlebt länger als einen Tag bei uns.

15 Minuten Arbeitszeit + **1,5**h Ruhe- und Backzeit

ZUTATEN

für 4 Portionen

- 1 große Brioche, alternativ 1 großes Kastenweißbrot
- 2 EL Butter zum Fetten
- 2 EL Mehl zum Bestäuben
- 3 Eier
- 700 ml Vollmilch
- 50 g Zucker
- 1 TL Zimt
- 1 Päckchen Vanillezucker
- 125 g Himbeeren
- 125 g Erdbeeren
- 3 EL gehobelte Mandeln
- 1 EL brauner Zucker
- Puderzucker

TOOLS

- Auflaufform (27 cm x 20 cm)
- Mixer

SO GEHT'S

1. Die Brioche oder das Kastenweißbrot in etwa drei Zentimeter dicke Scheiben schneiden.
2. Eine große Auflaufform fetten und mit etwas Mehl bestäuben.
3. Die Eier, die Milch, Zucker, Zimt und Vanillezucker mischen.
4. Die Brotscheiben aufrecht in der Form stellen und einige Beeren dazwischenwerfen, dann die Milch-Mischung gleichmäßig darüber gießen und alles für mindestens 60 Minuten ziehen lassen.
5. Den Backofen auf 180 °C Ober- Unterhitze vorheizen, den French Toast Auflauf mit den gehobelten Mandeln bestreuen. Mit Alufolie abdecken und für 30–35 Minuten backen, dann die Alufolie entfernen, einen Esslöffel braunen Zucker darüberstreuen und nochmals für 15 Minuten backen. Der Auflauf sollte hellbraun und der Zucker leicht karamellisiert sein.
6. Vor dem Servieren mit Puderzucker bestäuben und die übrigen Beeren darauf verteilen.

KLEINER TIPP

Der French Toast Auflauf schmeckt warm und kalt, man kann ihn auch mit klassischem Toastbrot machen, wenn noch welches übrig ist. Besonders lecker wird es mit einer Kugel Vanilleeis oder Vanillesauce on top. Oder beides.

Cheeseburger-Muffins

Manchmal muss es schnell gehen – da liegt der Weg in das berühmt-berüchtigte Restaurant mit den goldenen Bögen nahe. Doch noch viel näher liegt uns ja der Weg in die eigene Küche. Und so haben wir den heißgeliebten Cheeseburger kurzerhand in einen leckeren Muffin verwandelt. Und den gibt es bei uns sogar in der Veggie-Version!

10 Minuten Arbeitszeit + **15** Minuten Backzeit

ZUTATEN

für 4 Stück

- 2 Schalotten
- 2 EL pflanzliches Öl und 2 EL zum Fetten der Förmchen
- 400 g Veggie-Hack, alternativ Rinderhack
- 2 EL Tomatenmark
- 80 g Gewürzketchup
- 1 EL mittelscharfen Senf
- 1 TL Salz
- 1 Prise Pfeffer
- 1 Pizzateig (aus dem Kühlregal (ca. 400 g))
- 6 Scheiben Cheddarkäse
- 8 Gewürzgurkenscheiben

TOOLS

- Muffinförmchen

SO GEHT'S

1. Den Backofen auf 200 °C vorheizen und die Muffinform fetten.
2. Die Schalotten schälen. Eine Schalotte würfeln und eine Schalotte in Ringe schneiden.
3. Das Öl in einer Pfanne auf hoher Stufe erhitzen und das Hack darin krümelig anbraten.
4. Die gewürfelten Schalotten, das Tomatenmark, den Senf und das Ketchup dazugeben und alles kurz zusammen anbraten. Mit Salz und Pfeffer abschmecken.
5. Den Pizzateig ausrollen und in 12 Rechtecke schneiden. In jede geölte Muffinform eine Teigplatte legen und darauf achten, dass der Rand gut mit dem Teig bedeckt ist.
6. Die Hack-Mischung in die Förmchen geben und im Backofen auf mittlerer Schiene für etwa 15 Minuten backen.
7. Inzwischen die Käsescheiben vierteln und die Muffins nach etwa 10 Minuten Backzeit damit belegen, dann für die restlichen 5 Minuten backen.
8. Die Muffins aus dem Ofen holen und mit den Gurkenscheiben und ein paar feinen Zwiebelringen belegen.

Psst:

Wer viel Zeit hat und gerne selbst Hand anlegt: Statt dem fertigen Pizzateig kann man auch einen Hefeteig zubereiten.

MINI

Gugelhupf-Erdbeereis

Wenn die Temperaturen im Sommer an der 30°-Marke kratzen, dann hilft nur noch eins: Eis! Zum Glück haben wir ein schnelles und unkompliziertes Rezept in unserem Backbuch, das ganz ohne Eismaschine auskommt. Etwas Geduld muss man allerdings schon haben, denn die kleinen Eisgugelhupfe müssen eine Nacht in der Tiefkühltruhe bleiben. Das Warten lohnt sich aber! Versprochen!

10 Minuten + eine Nacht im Gefrierfach

ZUTATEN

für 6 Stück

- 400 g Naturjoghurt
- 250 g Erdbeeren
- 30 g Zucker
- 1 EL Zitronensaft
- 1 EL Vanilleextrakt
- 20 ml Agavendicksaft oder Honig

TOOLS

- Mini-Gugelhupfformen aus Silikon (ø 8 cm)
- Pürierstab

SO GEHT'S

1 Den Joghurt, den Zucker, den Vanilleextrakt sowie Agavendicksaft oder Honig gut vermischen.

2 Die Hälfte dieser Masse auf die kleinen Gugelhupf Formen aufteilen.

3 Die Erdbeeren gründlich waschen und das Grünzeug entfernen.

4 In die andere Hälfte der Masse die Erdbeeren und den Zitronensaft geben und alles mit dem Pürierstab fein pürieren.

5 Verteile die Erdbeer-Masse nun gleichmäßig auf dem Joghurt in den Mini-Gugel-Förmchen.

6 Sie müssen nun im Tiefkühlschrank bzw. im Gefrierfach komplett fest werden, am besten über Nacht.

KLEINER TIPP

Wer noch einen Crunch-Effekt braucht, der kann kleine Amarettini zerbröseln oder Pistazienkerne kleinhacken. Das passt perfekt zu den Erdbeeren.

Eis geht immer!

BUNTER Popcorn-Kuchen

Bei Popcorn sind wir uns tatsächlich etwas uneinig: Für Lissa geht nichts über süßes, heißes Popcorn. Lynn hingegen findet auch salziges köstlich, sie nascht am liebsten süßes und salziges Popcorn im Mix. So oder so, wir beide lieben den gepufften Mais und haben daher direkt ein Kuchenrezept draus gemacht. Ein ganzer Kuchen aus Popcorn! Ultraschnell fertig und ein echter Hingucker. Wir machen den häufig als Mitbringsel und garantieren: Damit zieht man die Blicke auf sich (oder auf den Kuchen).

20 Minuten

ZUTATEN

für 16 Stücke

- 300 g süßes Popcorn
- 120 g Butter
- 300 g Marshmallows
- 30 g bunte Streusel
- 200 g bunte Schokolinsen
- etwas Öl zum Fetten der Form

TOOLS

- Gugelhupfform (ø 24 cm)
- Backpapier

SO GEHT'S

1 Die Gugelhupfform mit Öl einfetten.

2 Das Popcorn in eine große Schüssel geben. Butter und Marshmallows in einem Topf bei kleiner Hitze schmelzen und gut verrühren.

3 Die Butter-Mischung über das Popcorn geben und alles mit einem Löffel rühren. Dann die Schokolinsen und die bunten Streusel dazugeben.

4 Alles in die Gugelhupfform füllen und mit Backpapier abdecken. Die Masse in der Form leicht festdrücken.

5 Den Popcorn Kuchen für mindestens 15 Minuten im Kühlschrank abkühlen lassen und dann aus der Form stürzen.

Mmmhh!

KLEINER TIPP

Am selben Tag schmeckt er am besten, denn wenn der Kuchen zu lange steht, wird das Popcorn pappig!

Frozen Joghurt-Kuchen

FÜR HUNDE

Lissas bezaubernder kleiner Zwergspitz Stormi liebt diesen erfrischenden Kuchen und bekommt ihn zu besonderen Anlässen serviert. Sie wird fuchsteufelswild vor Vorfreude, wenn wir nur in die Nähe des Tiefkühlschrankes gehen. Weil Stormi so klein ist, reicht der Kuchen für mehrere Tage, auch wenn sie ihn am liebsten sofort komplett verputzen würde. Sie ist ganz die Mama, was ihre Futter-Geschwindigkeit angeht …

10 Minuten Arbeitszeit + **4** Stunden Kühlzeit

ZUTATEN

für ein eiskaltes Leckerli

FÜR DEN BODEN

- 15 g Haferflocken
- ½ reife Banane
- 15 g Kokosöl

FÜR DEN KUCHEN

- 50 g Naturjoghurt
- 30 g Hüttenkäse
- 30 g geraspelte Karotte
- 1–2 pürierte Erdbeeren

TOOLS

- kleine Kuchenform mit ca. ø 10 cm

SO GEHT'S

1. Die Form mit etwas Kokosöl fetten.
2. Die Banane musen und mit dem weichen Kokosöl und den Haferflocken mischen.
3. Diese Masse als Boden in der Form festdrücken.
4. Den Naturjoghurt mit dem Hüttenkäse, den geraspelten Möhren und den pürierten Erdbeeren verrühren.
5. Die Joghurtcreme auf den Boden geben und alles für mindestens vier Stunden kaltstellen.
6. Den Frozen Joghurt Kuchen etwas antauen lassen, bevor der Vierbeiner ihn verputzen darf.

KLEINER TIPP

Theoretisch können den auch Menschen essen, doch für uns gibt es in diesem Buch genug anderen leckeren Süßkram. 😊

Stormi verputzt ihren Geburstags-kuchen in 3, 2, 1 …

das eiskalte Leckerli – Stormis Favorit!

Swedish Fish
Cupcakes
HERSHEY'S

SCHNELL, ABER OHO!

Käsekuchenecken

AM STIEL

Festhalten, dieses Rezept ist zum Ausflippen genial! Wir können uns nie entscheiden, in welcher Variante wir Käsekuchen backen – mit dunkler Schokoladen Kuvertüre? Oder weiße Schoki drauf? Glitzer-Perlen oder frische Früchte? Oder doch lieber Schokolinsen? Die Diskussion hat ein Ende, denn mit den Käsekuchen Ecken am Stiel kann man alles gleichzeitig haben und du kannst dich richtig kreativ austoben! So ist für jeden Geschmack das perfekte Stück dabei und man kann diese hübsche Käsekuchen Variante sogar unterwegs schnabulieren. Wir sind jedes Mal wieder hin und weg von diesem Rezept.

3 Stunden

ZUTATEN

für 12 Stück

FÜR DEN BODEN

- 200 g kalte Butter
- 100 g Zucker
- 250 g Mehl
- 1 Prise Salz
- 1 Ei

FÜR DIE FÜLLUNG

- 120 g weiche Butter
- 150 g Zucker
- 4 Eier
- 1 EL Zitronensaft
- 500 g Magerquark
- 200 g Joghurt (mind. 3,5 % Fett)
- 200 ml Sahne
- 45 g Speisestärke

FÜR DIE DEKO

- 3–4 Pakete Kuvertüre (Zartbitter, Vollmilch, Joghurt, weiße Schokolade)
- bunte Streusel und Perlen, Süßigkeiten und Früchte nach Wahl

TOOLS

- Mixer
- Springform (ø 26 cm)
- 12 flache Eisstiele aus Holz

SO GEHT'S

1. Für den Mürbeteig die Butter in grobe Stücke schneiden und mit Zucker, Mehl, Salz und dem Ei verkneten. Den Teig für mindestens 45 Minuten kaltstellen.
2. Für die Füllung die weiche Butter mit dem Zucker drei Minuten schaumig schlagen und nach und nach die Eier dazugeben.
3. Nun den Zitronensaft, Quark, Joghurt, Sahne und Stärke hinzugeben und die Masse gründlich mixen, bis keine Klumpen mehr da sind.
4. Den Ofen auf 170 °C Ober- und Unterhitze vorheizen.
5. Die Springform gut fetten und den Mürbeteig aus dem Kühlschrank nehmen. Den Teig gleichmäßig in der Form verteilen und dabei am Rand etwa vier cm hochziehen. So haben die Käsekuchenecken am Stiel später mehr Halt.
6. Die Käsekuchenmasse auf den Teig geben und im vorgeheizten Ofen etwa 45 Minuten backen. Anschließend komplett auskühlen lassen.
7. Sobald der Kuchen kalt ist, kann er in zwölf Stücke geschnitten und verziert werden. Dafür die Kuvertüre schmelzen und jedes einzelne Stück nach Belieben mit Süßigkeiten, Streuseln, Perlen und Beeren verzieren. Die Kuvertüre sollte dabei auch über den Rand des Stückes hinausgehen und runterlaufen – das sieht besonders schön aus.
8. Zu guter Letzt die Holzstiele in die untere Seite des Kuchenstückes stecken. Falls der Rand zu hart ist, kann zunächst mit einem Messer ein kleines Loch vorgestochen werden. Die Kuvertüre gut aushärten lassen und wenn alles fest ist, können die Käsekuchenecken am Stiel in die Hand genommen und gegessen werden!

KLEINER TIPP

Den Käsekuchen kannst du am Abend backen und am nächsten Tag verzieren – abgedeckt im Kühlschrank ist er sicher und kann dort schön durchkühlen. So wird die Kuvertüre besser fest.

Zitronenküchlein

IN DER WAFFEL

Nur ein Happs und schwupps sind diese leckeren Mini-Zitronenküchlein im Mund verschwunden. Die kleinen Küchlein sind schnell gemacht und machen vor allem als kleines Geschenk aus der Küche für liebe Freunde eine gute Figur. Lissa hat jedoch die Waffelküchlein als Gute-Laune-Snack für Zwischendurch für sich entdeckt. Schnell aus der Tür und noch eine Waffel geschnappt – und schon geht die Sonne auf!

35 Minuten

ZUTATEN

für 24 Stück

- 24 kleine Waffelbecher
- 300 g weiche Butter oder Margarine
- 170 g Zucker
- 6 Eier
- 350 g helles Mehl
- 2 TL Backpulver
- 3 EL Zitronensaft
- 1 EL Zitronenabrieb
- 1 weiße Kuvertüre
- bunte Zuckerperlen

TOOLS

- Backblech & Backpapier

SO GEHT'S

1. Den Backofen auf 180 °C Ober- Unterhitze vorheizen.
2. Die weiche Butter beziehungsweise die Margarine mit dem Zucker schaumig schlagen und nach und nach die Eier unterrühren.
3. Das Mehl, das Backpulver, die Zitronenschale und den Zitronensaft dazugeben und alles zu einem gleichmäßigen Teig verrühren.
4. Die Waffelbecher auf einem Backblech verteilen, am besten Backpapier unterlegen. In jeden Waffelbecher mit Hilfe zweier Esslöffel den Teig einfüllen – die Becher sollten etwa zu $2/3$ gefüllt sein.
5. Die gefüllten Waffelbecher für 20 Minuten im Ofen backen. Die Küchlein anschlißend gut abkühlen lassen.
6. Die Kuvertüre in einem Wasserbad schmelzen und die abgekühlten Küchlein in der Waffel mit dem oberen Teil hineintunken. Anschließend Zuckerstreusel in die noch feuchte Kuvertüre streuen. Und schon sind die Waffelküchlein to go fertig!

Schoko-holic?

Du kannst auch die Schokovariante wählen! Dafür lässt du Zitronensaft und Zitronenabrieb weg und nimmst stattdessen je zwei EL Backkakao, Milch und backfeste Schokochips.

Auch einen an der Waffel?
Eine Runde Klugscheißerwissen:

Kalter Welpe

TO GO

Kalter Hund ist ein richtiger Klassiker, gab's bei uns früher zum Kinderfasching. Die kleinen Welpen sind genauso lecker, aber durch ihre Größe noch besser als süßer Happen zwischendurch! Zudem kannst du sie in der Handtasche mitnehmen.

10 Minuten Arbeitszeit + **4** Stunden Kühlzeit

ZUTATEN

für 12 Stück

- 300 g Zartbitterschokolade
- 100 ml Schlagsahne
- 75 g Kokosfett
- 24 gefüllte Doppeldecker-Kekse

TOOLS

- Kochtopf
- Muffinformen

SO GEHT'S

1. Die Zartbitterschokolade hacken und schmelzen.
2. Sahne und Kokosfett zur Zartbitterschokolade hinzugeben. Die Masse soll nicht kochen.
3. ½ Esslöffel der Schokoladenmasse in die Mulden der Muffinform gießen, sodass der Boden bedeckt ist.
4. In jede Form einen gefüllten Keks legen und ihn leicht herunterdrücken. Anschließend wieder jeweils etwa einen Esslöffel der Masse darauf, sodass der Keks komplett mit Schokolade umhüllt ist. Diese Vorgänge wiederholen, bis die Form gefüllt ist.
5. Anschließend kommen sie für mindestens vier Stunden oder über Nacht in den Kühlschrank.
6. Die kalten Welpen erst kurz vor dem Servieren aus der Silikonform drücken, damit sie nicht warm werden und schmelzen.

Oh yes!

KLEINER TIPP

Wir nehmen hierfür die Silikon-Muffinform, weil die kalten Welpen sich daraus optimal lösen lassen.

Superlecker!

Bananenbrot-Muffins

MIT SCHOKODROPS

Zugegeben: Eigentlich heißt es nur BanenenBROT, damit man beim Kuchennaschen ein besseres Gewissen hat. Bananenbrot haben wir beide wirklich immer im Kühlschrank und wir outen uns hiermit offiziell als süchtig. Doch unsere kleinen Bananenbrot Muffins machen ihrem großen, brotigen Bruder ernsthafte Konkurrenz, besonders mit ihrem frischen Topping.

30 Minuten

ZUTATEN

für 8–10 Muffins

- 200 g Weizenvollkornmehl
- 80 g gemahlene Mandeln
- 1 Päckchen Backpulver
- 1 Prise Salz
- 1 TL Zimt
- 4 reife Bananen
- 2 Eier
- 150 g Kokos- oder Soja-Joghurt
- 50 ml Kokosöl
- 80 g Schokoladendrops (zuckerfrei)
- Bananenchips

TOOLS

- Muffinformen

SO GEHT'S

1. Den Ofen auf 180 °C Ober- und Unterhitze vorheizen und die Muffinform fetten.
2. In einer Schüssel das Mehl, die gemahlenen Mandeln, das Backpulver, das Salz und den Zimt vermischen.
3. Die Bananen musen und mit den Eiern, dem Joghurt und dem Öl verrühren. Dann zur Mehlmischung hinzugeben und kurz verrühren.
4. Als letztes die Schokoladendrops unterheben.
5. Den Teig gleichmäßig auf die Muffinformen verteilen.
6. Die Muffins 15 Minuten backen, anschließend kurz abkühlen lassen und mit Bananenchips dekorieren.

KLEINER TIPP

Überreife Bananen bloß nicht wegwerfen! Frier sie lieber geschält und in Stücken ein, dann kannst du sie später zum Backen oder auch für Smoothies benutzen. Spart Geld und Lebensmittelabfall!

ohne Zuckerzusatz!

Energy Balls

FÜR UNTERWEGS

Energieschub für zwischendurch und überall: Unsere Energy Balls haben wir in diversen Varianten immer parat. Wir haben übrigens getestet, bis zu welcher Größe man die machen kann. Wir empfehlen, sie nicht größer zu machen als die eigene Faust, denn man kriegt sie sonst nicht in einem Happs in den Mund, aber das ist ja das Ziel! Hier sind unsere drei Besten!

10 Minuten

EIN ROSA TRAUM AUS HIMBEEREN

ZUTATEN

für 10 Stück

- 100 g Datteln
- 30 g Haferflocken
- 1 TL Leinsamen
- 30 g Kokosraspel
- 200 g Himbeeren
- 40 g Mandelmus
- 1 Prise Salz

TOOLS

- Hochleistungsmixer oder Küchenmaschine

SO GEHT'S

1. Alle Zutaten mixen bis eine einheitliche Masse entsteht.
2. Aus dem Teig kleine Bällchen formen. Größe nach Belieben!

SCHOKOLADIGE HAPPEN

ZUTATEN

für 10 Stück

- 100 g Datteln
- 30 g Haferflocken
- 1 TL Leinsamen
- 1 TL Kakaopulver
- 40 g Cashewmus
- 1 Prise Salz
- 3 EL Kakaonibs
- Hochleistungsmixer oder Küchenmaschine

TOOLS

- Hochleistungsmixer oder Küchenmaschine

SO GEHT'S

1. Alle Zutaten bis auf die Kakaonibs mixen, bis eine einheitliche Masse entsteht.
2. Aus dem Teig kleine Bällchen formen. Größe nach Belieben!
3. Die Energy Balls zum Schluss durch die Kakaonibs rollen, sodass sie von außen damit bedeckt sind.

MATCHA-LIMETTEN-BALLS

ZUTATEN

für 10 Stück

- 100g Datteln
- 30 g Haferflocken
- 1 TL Leinsamen
- 40 g Cashewmus
- 1 TL Matcha Pulver
- Saft einer halben Limette
- 1 Prise Salz

TOOLS

- Hochleistungsmixer oder Küchenmaschine

SO GEHT'S

1. Alle Zutaten mixen bis eine einheitliche Masse entsteht.
2. Wenn es besonders fruchtig schmecken soll, einfach den Saft einer ganzen Limette hinzufügen und 10 g mehr Haferflocken.
3. Aus dem Teig kleine Bällchen formen. Größe nach Belieben!

leckerer Energie-Booster!

VEGANE

Karottenkuchen-Cupcakes

Diese Cupcakes haben wir für ein Party-Buffet entwickelt. Wir sollten den Karottenkuchen backen, weil unsere Freunde den so mögen, aber so viel Geschirr hatten wir nicht – für Kuchen braucht man immer Teller und Besteck extra. In dieser Variante kann man die einfach aus der Hand essen. Zudem sehen sie in hübschen Muffinformen auf einer Etagere einfach ganz toll aus.

Wir empfehlen übrigens dringend Silikon-Muffinformen, denn die sind dauerhaft einsetzbar und man bekommt das Gebäck einfach herausgedrückt. Zudem spart man sich das Einfetten.

für Karottenkuchen-Fans!

30 Minuten

ZUTATEN

für 12 Cupcakes

FÜR DEN TEIG

- 120 g Apfelmus
- 70 ml Raps- oder Kokosöl
- 80 ml Mandel- oder Haferdrink
- 1 EL Apfelessig
- 1 TL Vanilleextrakt
- 250 g geraspelte Karotten
- 200 g Mehl
- 120 g gemahlene Mandeln
- 80 g brauner Zucker
- 1 Päckchen Backpulver
- 1 Prise Salz
- ½ TL Zimt

FÜR DAS TOPPING

- 1 EL Zitronensaft
- 250 g veganer Frischkäse (neutral)
- 50 g Puderzucker
- 50 g gehackte Pistazien

TOOLS

- Muffinformen
- Spritzbeutel

SO GEHT'S

1 Ofen auf 180 °C Ober- und Unterhitze vorheizen, Muffinform einfetten (sofern sie aus Metall ist).

2 Apfelmus, Öl, Pflanzendrink, Zucker, Apfelessig und Vanilleextrakt mischen.

3 In einer zweiten Schüssel die trockenen Zutaten mischen (Mehl, gemahlene Mandeln, Backpulver, Salz und Zimt).

4 Anschließend die trockenen und feuchte Zutaten zusammenmixen und zum Schluss die geraspelten Karotten hinzugeben.

5 Den Teig auf 12 Förmchen verteilen und für 20–25 Minuten backen.

6 Nach dem Backen noch einen Moment abkühlen lassen – währenddessen wird das Topping angerührt!

7 Den veganen Frischkäse mit dem Zitronensaft und dem Puderzucker verrühren, bis eine dickflüssige, aber geschmeidige Creme entsteht. Mithilfe eines Spritzbeutels gleichmäßig auf den Küchlein verteilen. Ein paar gehackte Pistazien darüber – fertig sind die veganen Karottenkuchen Cupcakes!

Klugscheißerwissen

Weißt du, was der Unterschied zwischen Cupcakes und Muffins ist? Ein Cupcake hat ein dickes Topping, meist aus Frischkäse und Zuckerguss oder Buttercreme, der Teig an sich ist aber recht flach gebacken. Ein Muffin hingegen hat mehr Teig, dafür eigentlich kein Topping. Der Name kommt vom englischen Wort „cup“, also Tasse, weil die kleinen Küchlein ursprünglich darin gebacken wurden.

SCHNELLES

Schmalzgebäck

Schmalzgebäck gehört zu Weihnachten wie der Weihnachtsmann. Und weil der nur einmal im Jahr stattfindet, haben wir beschlossen, Schmalzgebäck findet ständig statt. Einfach, weil es so schön ist wie Weihnachten, wenn die fluffigen Teilchen im Mund zergehen und der Puderzucker dafür sorgt, dass uns schwindelig wird.
Für unser Rezept brauchst du weder eine Fritteuse noch sonstiges Spezialgerät.
Das Rezept ist so simpel wie lecker.

30 Minuten

ZUTATEN

für 2 Portionen

- 125 g Mehl
- 1 EL Zucker
- ¾ TL Backpulver
- ½ TL Salz
- 10 g Öl
- 35 ml Wasser
- 35 ml Milch
- 750 ml Pflanzenöl zum Frittieren, ggf. mehr
- etwas Puderzucker

TOOLS

- Mixer
- Topf oder Fritteuse
- Schaumkelle

SO GEHT'S

1 Für den Teig Mehl, Zucker, Backpulver und Salz in einer Schüssel vermengen.

2 Anschließend Pflanzenöl, Wasser und Milch hinzugeben und einige Minuten kneten. Sollte der Teig nach zwei bis drei Minuten noch zu klebrig sein, etwas mehr Mehl hinzufügen.

3 Den Teig zu einer Kugel formen und 15 Minuten ruhen lassen.

4 In der Zeit Öl in einen recht großen Topf geben und erhitzen. Er soll maximal $^1/_3$ gefüllt sein.

5 Die Arbeitsfläche mit Mehl bestäuben, den Teig darauf einen Zentimeter dick ausrollen, zunächst in Streifen und diese dann in ca. drei bis vier Zentimeter lange Stücke schneiden.

6 Einige Teigstücke vorsichtig ins Öl geben. Sie sollen freischwimmen und überall mit Fett bedeckt sein.

7 Jede Seite etwa eine Minute, bis sie eine helle goldbraune Farbe bekommen.

8 Anschließend auf einem Küchenpapier trocknen lassen und mit Puderzucker, Honig oder Schokosoße benetzen.

EXTRATIPP

So prüfst du, ob das Frittierfett heiß genug ist: Tauche einen Holz-Kochlöffelstiel in das Fett. Wenn sich nun Bläschen um das Holz bilden, hat das Fett die richtige Temperatur erreicht und du kannst die Schmalzkuchen ausbacken.

Großes Geheimeis ... auch bei uns klappt nicht immer alles auf Anhieb. Glaubst du nicht? Dann schau mal hier, wenn du dich traust:

... oder hier:

... oder hier:

Der ulitmative Sound zum Backen! Hier findest du unsere Lieblingsplaylist für nächtliche Backsessions oder wenn wir wieder mal verrückte Backideen ausprobieren wollen:

Der Kuchen ist im Ofen und was nun? Warten! Damit die Zeit schneller vergeht, spielen wir gerne unsere eigene Version von Stadt-Land-Fluss:

Buchempfehlungen für Dich

Noch mehr Kreativ-Bücher zum gleichen Thema gesucht?

ISBN 978-3-7724-8069-0

ISBN 978-3-7724-4641-2

ISBN 978-3-7724-8047-8

ISBN 978-3-7724-8057-7

ISBN 978-3-7724-8074-4

ISBN 978-3-7724-8053-9

ISBN 978-3-7724-8007-2

ISBN 978-3-7724-8040-9

ISBN 978-3-7724-4484-5

Impressum

FOTOS: frechverlag GmbH, 70839 Gerlingen;
REZEPTFOTOS: PHOTOART Food- und Werbefotografie GmbH, Gronau
MODELLFOTOS UND VIDEOS: Rio Film GmbH, Hamburg
HINTERGRUNDBILDER UND GRAFISCHE ELEMENTE: freepik: Olga_spb (S. 140/150), Naulicreative (Hund S. 86), kjpargeter (Hintergrund S. 17, 25, 39, 51, 66, 73, 81, 86, 100), rawpixel.com (Pfeile), alle übrigen design by freepik

REZEPTE UND TEXT: riofilm GmbH, Hamburg
PRODUKTMANAGEMENT UND LEKTORAT: Mariel Marohn
COVERGESTALTUNG: Melanie Hermann
HERSTELLUNG: Jessica Siebert
LAYOUT UND SATZ: Lara Nelles (schere.style.papier), München
DRUCK UND BINDUNG: Neografia, Slowakei

1. Auflage 2022

ISBN: 978-3-7358-5057-1 • Best.-Nr. 25057

MIX
Papier | Fördert gute Waldnutzung
FSC® C020353
FSC
www.fsc.org

Penguin Random House Verlagsgruppe
FSC® N001967